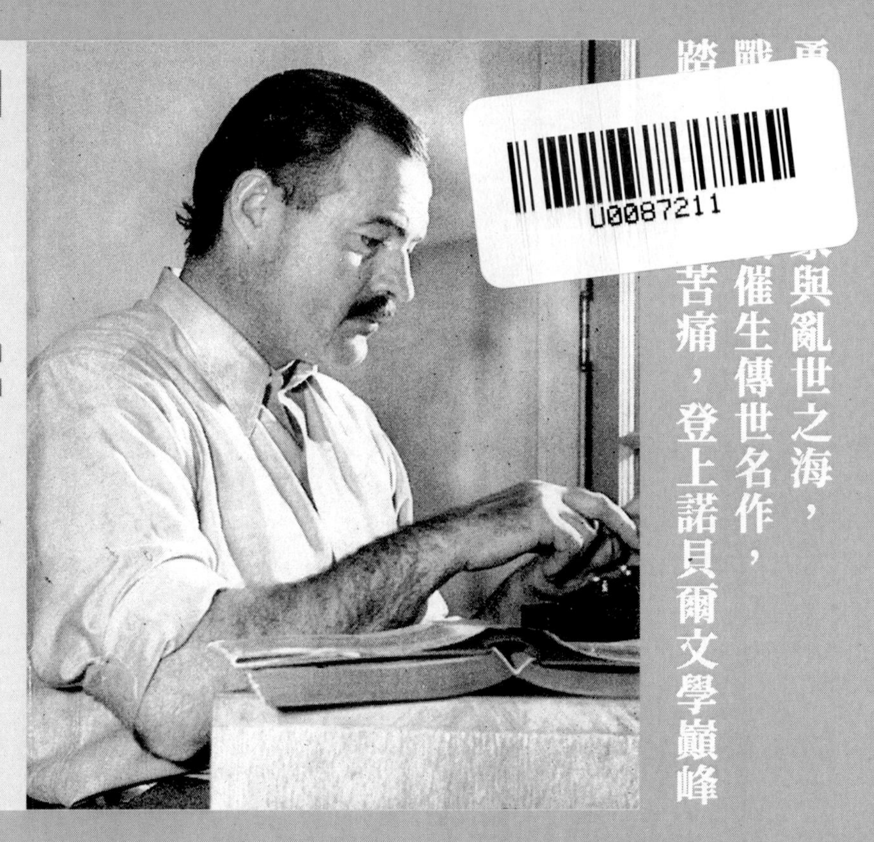

迷惘之世 海明威

最斜槓的作家、最不羈的獵者

他就像是鬥牛士，他鬥的是生活與文學

他五度上戰場，重傷與殘疾也不能粉碎他的熱情

他將文學的冰山理論發揚光大，創造以小博大的美感

他是以狂熱為信條的傳奇作家——海明威！

「生活與鬥牛差不多，不是你戰勝牛，就是牛挑死你。」

鄧韻如，張鑫蕊 編著

目錄

序

008　成就與貢獻
009　地位與影響

叛逆青年

012　天資聰穎的孩子
018　深受祖父的影響
022　父母的雙重教育
029　度過快樂的童年
032　保留橡樹園傳統
036　爭強好勝的拳擊手
041　叛逆的文學青年
048　不上大學渴望參戰

目錄

初次參戰

056 明星報的見習記者
061 終於上戰場了
067 血與火的洗禮
074 身中二百三十七塊彈片
078 凱旋歸來的英雄

艱苦歲月

084 一段痛苦的歲月
090 重新振作起來
095 成為特寫作家
100 被父母趕出家門
106 遭受資本家矇蔽
113 有情人終成眷屬
118 決定定居歐洲

功成名就

126　在巴黎的新生活
133　常駐歐洲記者
140　長子約翰出世
145　夫妻感情的破裂
151　第一本長篇小說出版
157　品嘗成功的芳香
163　返回美國定居
169　喜歡西班牙鬥牛賽
175　在非洲大草原狩獵
178　快艇「拜勒號」
184　參加西班牙內戰

戰爭磨練

192　喪鐘為誰而鳴
195　在中國度過蜜月
200　在古巴的悠閒生活
204　海明威的游擊隊
210　海明威的戰爭功績

目錄

輝煌晚年

218　不想做廣告的名人
222　走進幸福的港灣
229　與海軍學員的聚會
234　飛機失事大難不死
239　《老人與海》和諾貝爾獎
242　與病痛抗爭
247　喪鐘為作家長鳴

附錄

254　經典故事
257　年譜
259　名言

序

厄尼斯特・米勒・海明威（Ernest Miller Hemingway）（1899 —— 1961），美國小說家。1954 年度的諾貝爾文學獎得獎者。

海明威於 1899 年 7 月 21 日生於芝加哥市郊橡膠園小鎮。父親是醫生和體育愛好者，母親從事音樂教育。

海明威從小酷愛體育、捕魚和狩獵。中學畢業後曾去法國等地旅行，回國後當過見習記者。第一次世界大戰爆發後，他志願赴義大利當戰地救護車司機。

1918 年，海明威在前線被砲彈炸成重傷，回國休養。後來去加拿大多倫多市《星報》任記者。

1923 年，海明威發表處女作《三個短篇小說和十首詩》，隨後遊歷歐洲各國。1926 年，出版了長篇小說《太陽依舊升起》，初獲成功，被稱為「迷惘的一代」。

1929 年，海明威完成反映第一次世界大戰的長篇巨著《戰地春夢》，給他帶來了聲譽。

1940 年，海明威創作了以美國人參加西班牙人民反法西斯戰爭為題材的長篇小說《戰地鐘聲》，並且與許多美國知名作家和學者捐款支援西班牙人民正義抗爭。

序

1941 年，海明威偕夫人瑪莎訪問中國，支持中國抗日戰爭。後又以戰地記者身分重赴歐洲，並多次參加戰鬥。「二戰」後定居古巴。

1952 年，海明威名作《老人與海》問世，深受好評，翌年獲「普立茲獎」。1954 年獲諾貝爾文學獎。後來離開古巴返美定居。

1961 年 7 月 2 日，海明威因身上多處舊傷，百病纏身，精神憂鬱中用獵槍自殺。

成就與貢獻

海明威是蜚聲世界文壇的美國現代著名小說家，他的創作具有鮮明、強烈的個性特徵。海明威被稱為「迷惘的一代」的代表作家。「迷惘」是海明威創作個性的顯著特徵，是籠罩他全部作品的統一風格。

海明威的許多作品、許多主角都給人迷惑、悵然若失的印象，即使在那些現實性和傾向性很強的作品裡，也塗上了濃重的迷惘色彩。

在海明威的作品裡，最富有魅力和打動人心的，是他塑造的眾多在迷惘中頑強奮鬥的「硬漢」形象。

海明威的文體風格具有簡潔性、含蓄性等特點，最受人稱道。他的「冰山」理論精通現代敘事藝術，並榮獲諾貝爾文學獎。

地位與影響

海明威是一位極富傳奇色彩的作家。在創作上，海明威最鍾愛的主題是戰爭、死亡、男子氣概和愛情。這也是他一生生命的主旋律。

「死亡」和「男子氣概」，貫穿在海明威的全部創作中，成為他作品的主要風格特徵，再加上簡潔有力、充滿生氣與活力的語言，使他的創作在歐美文壇產生巨大影響，甚至在美國引起一場文學革命。

海明威的文風一向以簡潔明快著稱，俗稱「電報式」，他擅長用極精鍊的語言塑造人物。

海明威創作風格也很獨特，從來都是站著寫作。以至他的墓碑上有句雙關妙語：「恕我不能站起來。」

海明威被譽為 20 世紀「最偉大的作家之一」。

對於海明威的評價，正如約翰·甘迺迪總統所說：「幾乎沒有哪個美國人比厄尼斯特·海明威對美國人民的感情和態度產生過更大的影響。」

序

叛逆青年

偏執是件古怪的東西。偏執的人必然絕對相信自己是正確的，而克制自己，保持正確想法，正是最能助長這種自以為正確和正直的看法。

—— 海明威

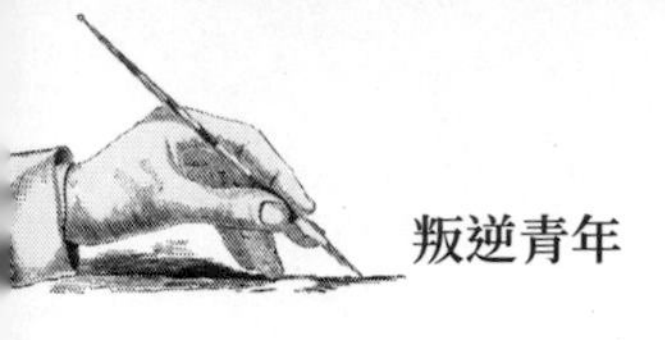

天資聰穎的孩子

1899 年 7 月 21 日，在美國伊利諾伊州芝加哥郊區小鎮橡樹園，伴隨著一個嬰兒響亮的啼哭聲，一代文學巨匠厄尼斯特・米勒・海明威誕生了。

海明威的祖父和外祖父都是參加過美國南北戰爭的退役軍人，海明威和他的家庭一直因此而自豪。

母親格雷絲是在上流社會的鄉村俱樂部的環境里長大的。她在教堂唱詩班裡唱聖歌，又是公理會和許多民間團體的活躍分子。她很重視自己一家人的文化修養。

父親愛德是當地德高眾望的婦科醫生，他的身形在某些方面與海明威很像，只是腦袋小，身體大，眼睛也小，而且給兩道濃眉遮得幾乎看不清了。

海明威是愛德夫婦的長子，他有 4 個姐妹和 1 個弟弟，大姐瑪塞琳、二妹厄休拉、三妹瑪德琳、四妹卡洛兒；他唯一的弟弟，家中的幼子萊斯特比他小 16 歲。這是一個篤信宗教的家庭，姐妹們用的都是聖徒的名字。

海明威是一個天資聰穎的孩子，這種聰慧從他很小時候就展現了出來。

據說，海明威 1 歲生日的時候，參加了貝根為慶祝農場建倉而舉行的宴會。而這個時候恰好是他第一次能單獨行走。

海明威對削了皮的蘋果和魚表現出極大的興趣，幼小的時候他把魚喚成「姨」，把不同種類的肉通通叫做「肉」。

有一次，父親愛德弄來一艘很好看的小木船，船頭上用漆寫上「溫德米爾·瑪塞琳」幾個字。這年的整個夏天海明威和他姐姐瑪塞琳就像水裡的青蛙一樣坐著這艘船在湖上進進出出。

姐弟兩個光著腳，拿家裡臉盆輔助小快艇，在淺水灘上嬉戲蹦跳。他顯得特別快樂，又是跳又是笑，一下學獅子大聲吼叫，一下又拿竹子當馬騎。

海明威身穿一件藍色罩衣，手裡拿著根棍子去趕貝根家的羊，口裡不停地發出「唏！唏！」的聲音。

海明威身體結實，肌肉飽滿，筋骨壯健。他的兩隻手甚至比他姐姐的還要粗大。一碰到不如意的事，他總是又蹦又跳，暴跳如雷。但玩的時候卻循規蹈矩，一點不發脾氣。

一到晚上，母親讓海明威上床睡覺，他總是很聽話，常常把床頭的枕頭拉過去蓋住眼睛，不讓光線照射他。

每當母親做禱告時，海明威總是跟在她的身旁。可是，母親還沒能說上幾句話，他便一躍而起，大聲地喊了一聲「阿門」，表示祈禱結束了。

海明威稍稍長大以後，便對圖畫冊著了迷，特別是一種名叫《自然界的禽鳥》的大開本月刊更使他感興趣。

海明威也喜歡別人幫他畫動物漫畫，看懂了便樂得哈哈大笑。他什麼故事都愛聽，當然，最喜歡聽的是關於一匹名叫普林斯的黑馬在奧克派克為他父親拉大車的故事。

據海明威醫生說，黑馬普林斯的腿很長，脖子卻很短，因此吃草時不得不蹲跪下來。海明威每說一個詞都要漏掉一個音。他搶在他父親前面，大聲地把「跪下」說成「跪」或「危」，接著邊笑邊跪在地板上，模仿普林斯吃草的樣子。

有一次，海明威看到街道對面一棵樹上有一隻貓頭鷹，他覺得貓頭鷹很威武，於是又開始對有關貓頭鷹的故事感興趣。他甚至把腳趾上碰傷的痕跡說成是貓頭鷹的眼睛。

海明威很有靈性，他最喜歡幫人和物取各種各樣的名字。他先給自己取了個名字，叫「奈尼」。這是他許多綽號中的一個。

海明威給外祖父取名「阿爸熊」，稱祖母為「愛德萊德·阿媽熊」，把女用人叫做「莉莉熊」，把他那只雙頭玩具搖擺馬喚作「普林斯和查理」。

到了海明威兩歲的時候，他需要種痘，他把皮膚上的斑點說成是「壞了的蓓蕾」。他還給母親取了個綽號叫「菲蒂」。

到了 2 月分，母親發現海明威在那本《自然界的禽鳥》畫冊上能準確地說出 73 種鳥的名稱時，大為詫異。

年僅兩歲的海明威已經具有用別的方式來表達語言的能力，他的第一個笑話是一個「蒲公英」的雙關語。

在英語中，蒲公英的單詞是 dandelions，而巨獅的單詞是 dandy lions，海明威就把蒲公英說成是巨獅或者巨馬。

海明威最可愛的地方在於他學會了親別人的臉的藝術，親得又響亮又富有情趣。母親經常說：「如果你有什麼事不依他，他就會走過來用小手掌拍你的臉頰。而當他感到不好意思時，他就來親你。」

海明威從不尿床，更不撒尿在身上，大家都讚揚他。母親在這個孩子身上也安心了許多。

1910 年，當地舉行旅長會的時候，兩歲的海明威有生以來說出了第一句完整連貫的話語：「我不認識勃費羅．比爾。」他說出這句話時那種天真可愛的樣子逗得在場的選民們哈哈大笑。

海明威喜歡模仿，任何在他看來好玩的好看的，他都喜歡模仿。有一次，父親帶著海明威去看波尼．比爾的西部電影，他很快模仿影片中牛仔的動作，騎在普林斯的背上讓大人幫他拍照。

4 月分，父親帶海明威去看瑞格林兄弟的馬戲團演出。回家後，海明威當著外祖父的面學大象走路，並一本正經地學雜技演員翻筋斗。

海明威的雜技表演車是一個 3 尺長 2 尺寬、底下鑲著紅輪子的木箱。這種車子是當時柏力油漆建築公司廣為宣傳的商品，在各五金商店均有出售。

海明威的母親說：「這孩子 2 歲的時候，長得胖乎乎的，看起來像個 5 歲的孩子。頭髮淡黃，前額剪成瀏海式，發端捲曲，蓬蓬鬆鬆搭在頭上，皮膚赤褐色，看起來十分健壯。栗色眼睛，眉毛濃黑，一張不大不小的口，臉頰兩邊各有個酒窩。」

海明威很喜歡角色扮演，當母親叫他做「荷蘭玩具娃娃」時，他一邊跺著腳，一邊大聲叫嚷：「我不是荷蘭玩具娃娃，我是波尼．比爾。砰！我要開槍打死菲蒂。」

小海明威有很多的綽號，除了他給自己取的奈尼外，還有家裡給他取的別的綽號，如潘奇、吉普曼克還有鮑畢等。

小海明威特別喜歡唱歌，但是他唱歌時總走調，顯得特別滑稽，每次都逗得爸爸媽媽開懷大笑。

貝爾湖不久改名為瓦倫湖。葛萊絲並作了一支《可愛的瓦倫湖》的華爾茲樂曲，小海明威就把它改成與動物展覽會有關的歌曲。

原本歌曲中是「啊，月光下的瓦倫湖」，海明威把它改成「啊，月光下的老狒狒」。這種機智聰敏的改動使他的父母親感到十分驚喜。

「海明威，你害怕什麼嗎？」有一次，母親這樣問他。

「不！我什麼都不害怕，不要用看小孩子的眼光看著我，我已經長大了。」每當這個時候，海明威總是氣呼呼地這樣回答。

海明威渴望長大，他不喜歡被束縛在家中。小小年紀而又十分聰慧的小海明威，渴望早早長大，渴望大人們把他當成大人來看待。

海明威 3 歲的時候，他的肩膀上就扛著一支半新不舊的老式步槍，兩眼望著前方，正步前進。他大聲唱著「小分隊向前衝」的歌詞，並把自己比作士兵。

海明威把拾來的木片、木棍比作大口徑短槍、長槍、來福槍、左輪和手槍等。他身上所表現出來的勇敢和堅韌精神給家人留下了深刻的印象。

人們都說三歲看到老。這或許正如海明威的外祖父所說的：「這孩子總有一天會有名聲的。如果他遇事多動腦筋，走正道，將來一定能出人頭地。但若縱容自己，走邪路，將來坐牢也一定有他的份。」

他的外祖父真是有遠見，早早就看出了海明威的巨大潛力。而海明威也沒有讓外祖父失望，他成了世界上最具影響力的文壇領袖之一。

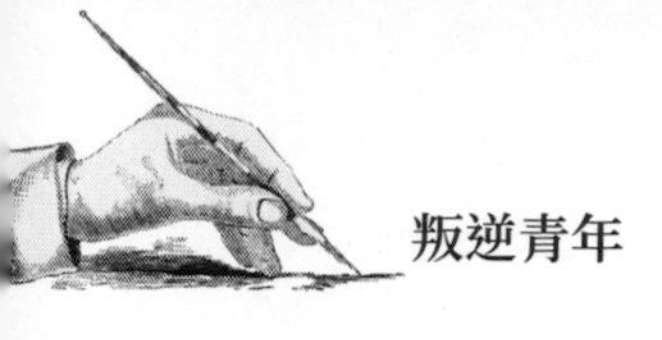

深受祖父的影響

海明威的一生與戰爭都是分不開的，他從童年到老邁，對戰爭一直十分關注。他的小說中有大量的戰爭場面和戰爭背景的描寫，在其著作中就有 26 部書的主題是戰爭。

不但在著作上反映戰爭題材，海明威本人更是親自參加了 5 次重要戰爭，包括參加歐洲反法西斯戰爭和中國抗日戰爭。

而這些，到底與他的家族和成長環境是分不開的。這種崇軍尚武的精神可以說源於他祖父一輩的薰陶。

海明威的祖父安森和外祖父霍爾都參加了美國南北戰爭。安森在南北戰爭中因為作戰勇敢，布爾溪戰役之後，被擢升為少尉，奉密令在密西西比州招募了一支黑人部隊。

安森總是喜歡回顧那個彈雨橫飛的歲月、同生共死的戰友以及那些輝煌的戰績。海明威兄妹幾個，都是從小在爺爺講述的關於南北戰爭的英勇故事薰陶下長大的。

孩子們每年都參加戰爭紀念日遊行，羨慕地看著一身戎裝的祖父在遊行隊伍中行進。

與祖父喜歡談及戰爭相反，外祖父對於戰爭諱莫如深，從不願意談及南北戰爭的事情。

南北戰爭爆發後，外祖父霍爾毫不猶豫地參加衣阿華州騎兵第一志願團，為維護國家統一、黑人解放而戰鬥。但不幸的是，在 1862 年 4 月，在密蘇里州的沃斯倫堡戰役中，霍爾左腿負傷，子彈一直留在腿內，不得不因傷殘退役。

當政府要給他發放退役金的時候，霍爾自豪地拒絕了，他說道：「我自願為我自己選擇的國家服役，是不需要報酬的。」

海明威曾在一封信中誇大地描述了外祖父的軍旅生涯，他寫道：「霍爾說話帶有濃重的英國口音。他曾在去美國南部出差時，被當做聯邦軍的間諜而遭痛打。他戰鬥了 4 年，並嚴重負傷。但他最痛恨濫殺無辜，因而以後從不願談及戰爭。」

而實際情況並非如此，根據美國華盛頓國家檔案館檔案記載，霍爾受傷是「在他服役期間，而且是來自反對美國當局的敵對武裝力量的槍擊，但不是在執行公務時」。

如此負傷當然不是什麼榮耀的事，霍爾對此諱莫如深。海明威可能是出於對外祖父的景仰而將他神化。

祖父安森喜歡頌揚美國南北戰爭，為此他收集並且保存著許多與南北戰爭有關的剪報；還經常去南方渡假，和以前的退伍老兵一起回顧往昔的戰鬥場面。

安森經常向他的兒孫們灌輸他的戰爭思想，而他的這一個做法又受到了當時研究南北戰爭專家的巴頓博士的讚賞。巴頓博士寫過好多本關於南北戰爭的書籍。

在祖父和巴頓博士的薰陶、啟蒙下，海明威在童年時代就認真研讀了一些軍事方面的書籍，其中包括《舊約全書》，那裡面有許多戰爭故事。

1914 年的聖誕節，祖父送給海明威的聖誕禮物是一本《葛底斯堡的號角》。葛底斯堡是林肯總統發表「民有·民治·民享」政治綱領的地方。

由此可以看出祖父在海明威身上寄予了不一般的思想教育，而這種思想教育深深地映入了海明威的心中，對於海明威對戰爭的痴迷，母親曾經做過這樣的描述：

> 海明威 5 歲半就很懂事，不偷懶，衣服全由自己穿。他喜歡用積木疊成炮臺和炮，收集日俄戰爭的連環漫畫。他還喜歡講述關於偉大的美國的歷史故事，能把美國歷史上的偉大人物的有關事件說出一個大概來。

正是因為祖父的影響，海明威從兒童時代就對戰爭特別關注，他多方蒐集了 19 世紀末 20 世紀初幾場戰爭的資料和圖片，包括西班牙與美國之戰、非洲南部戰爭和日俄戰爭。

「在我的童年，每隔一個月，祖父就要帶我去看《一個國家的誕生》。他告訴我，看到這部影片，會讓他想起從前在戰場上的歲月。對此我一直十分嚮往。」

《一個國家的誕生》是 1915 年拍攝的一部有關南北戰爭

的影片。海明威聲稱，在他的童年之中，他的祖父經常帶他去看這部影片，這是為了教育他了解美國的歷史，讓他知道一個國家的成立是需要經過無數人浴血奮戰才能得來的。

1918 年，歐戰正酣，海明威決定赴歐參戰。在參戰以前，他向朋友和家人吹噓他與《一個國家的誕生》中女演員訂婚的事情，為此，他的家裡鬧翻了天。

同年夏天，當地報紙《橡樹葉》登載了海明威在義大利作戰中負傷受勛的事跡，同時還刊登了他祖父安森的戎裝照片。

祖父影響了海明威的一生，為了追尋祖父的足跡，海明威到過義大利、土耳其、西班牙、法國和中國。在這些國家裡，他參加過 5 次戰爭。

海明威經常用崇敬的語氣和他的兒子們談及南北戰爭。他的長子邦比在第二次大戰後統領黑人憲兵連。

海明威對此十分高興，他說：「嗨！知道嗎，年輕人，你的祖父也曾經領導過一隻黑人部隊呢！」

祖父對南北戰爭的頌揚不但影響到了海明威的生活，讓他追尋祖父的足跡和給孩子們灌輸戰爭思想，更是深深地印刻在了他的作品之中。

海明威的作品之中，直接以戰爭為題材的作品多達 26 部，其他著作也大都是以戰爭為背景，或者在敘事之中提及一些戰爭話題。

海明威最具代表性的作品之一《戰地鐘聲》，書中主角羅伯特·喬丹將祖父在南北戰爭中的冒險故事和自己在西班牙內戰中的經歷作了對比，這正是海明威著作和生涯的真實寫照，也是他一生追尋祖父風範的具體表現。

父母的雙重教育

對海明威影響最大的是他的祖父，但是對他直接進行教育的，則是他的父母親。而最讓我們津津樂道的，則是海明威父母的剛強性格以及對他進行的雙重教育。

海明威的父親愛德是一位婦產科專家，在當地很有名望。愛德公務繁忙，他不但是橡樹園醫院婦產科主任，還是三家保險公司和一家牛奶公司的醫務檢查員以及兩個組織機構的負責人。

愛德性格孤傲，為人嚴謹。他喜歡旅遊，1895 年，他旅遊歐洲，很大程度上滿足了他的這一癖好。

同時，愛德也是一位業餘的小型動物和禽鳥標本製作者，喜歡把蛇儲藏在密封的玻璃瓶中。除此之外，他最主要的愛好就是釣魚、打獵和烹飪。尤其是從釣魚和打獵中，他感到樂趣無窮。

愛德的烹飪廚藝在大學畢業的時候得到了充分表現。大學畢業的時候，愛德和他的大學同學一起去附近的山區遊覽，他巧妙地利用黑蘑菇做餡，加上一點野蜜蜂做成餅。餡皮用一個空啤酒瓶子在一段剝去皮的木頭上擀出來的，然後拿到正在燒烤松鼠肉的營火堆上烤。同伴們看到愛德的高超手藝，一個個都讚不絕口。

愛德是一位出色的婦科醫生，他發明了椎板切除術鉗子，一生中為3,000個孩子接過生，其中包括他的6個子女，很受鎮上人們的景仰。

但是由於愛德經常不修邊幅，留著濃重的大鬍子，而且做事敏捷迅速，目光尖銳逼人，給人一種很凶悍的感覺。

海明威小時候有點怕父親，他的姐妹、朋友也對愛德望而生畏。海明威的小弟在回憶父親時也說他是一個兇狠的父親，每一件事總是忙碌、緊張，做完以後又煩惱不已。

其實愛德醫生是一個十分善良的人，他不修邊幅和忙於煩瑣小事其實與海明威的母親格雷絲有關。

格雷絲比愛德小 1 歲，是位藍眼金髮的美人，她性格開朗大方，是一個精力充沛、頗具魅力的女人。

格雷絲是小鎮上第一個騎高輪自行車的女孩子，從這裡可以看出她的個性。

格雷絲是天才的女低音歌手。她 23 歲時在紐約師從一位著名聲樂家，學習了 2 年；並和大都會歌劇院簽約，在麥迪遜公園廣場進行首場演出。

愛德首次認識格雷絲是在他上國中的時候，兩人也可以說是青梅竹馬，但是他們卻並非一帆風順。

愛德最初向格雷絲求婚的時候，格雷絲心中並不願意。因為愛德的家族是移居到美洲的，而格雷絲一直以她英國祖先的榮華顯赫為榮。

再者，格雷絲教授 50 個聲樂學生，每月收入 1,000 元；而愛德剛開始當實習醫生，一月僅賺 50 元。

最後一個理由與格雷絲的性格有關，她追求享樂，不願從事煩瑣的家事。愛德允諾，婚後的家事自己一肩擔，不要她操一點心。

格雷絲 7 歲的時候得過猩紅熱，一連好幾個月，眼睛都看不見一點東西，幾乎失明。後來，病雖然好了，但是她對光一直很敏感，常在黑屋子裡待一段時間，讓眼睛休息，而且還有了週期性頭痛的毛病。

格雷絲在麥迪遜公園進行首次演出，但是由於場內的燈光太刺眼，會損害她的視力。而這個時候剛好愛德向她求婚，所以格雷絲放棄了頗有前程的舞台生涯。

1896 年，愛德和格雷絲在公理會教堂結婚。婚後，愛德信守諾言，儘管醫務繁忙，仍處理各項家事。

嚴格來說，格雷絲並非一個合格的妻子。她文雅而有教養，但也有些固執。她討厭洗尿布、做飯、洗碗碟、打掃房間，卻鍾情於音樂，彈得一手好鋼琴。

她的日常生活就是教音樂、籌辦音樂會，把全部精力都貫注在她的演出活動和藝術生涯，而把孩子交給傭人們管理。

總體說來，格雷絲與愛德的姻緣是美滿的。雖然兩人都性格剛強，易於衝動，在一起生活不易協調和諧，但他們很少吵架鬥嘴。

愛德深愛格雷絲非凡的活力，格雷絲則依賴愛德的穩重可靠。愛德欣賞格雷絲，願意為她犧牲，而格雷斯則深深愛著愛德。

這兩位性格迥異的父母在教育孩子的方法上表現出了驚人的差異，他們都試圖把自己的興趣灌輸給子女。

愛德決心要把兒子培養成一個真正的男子漢，所以，還在海明威 3 歲的時候，就被父奈帶到瓦倫湖的鄉間別墅去避暑釣魚。

「小海明威釣的魚都是大魚」，格雷絲寫道，「他掌握魚吃餌的時機，自己把魚拖上來。他是位自然科學家，對自然界的東西樣樣都喜歡，諸如臭蟲、石子、貝殼，各種飛鳥和動物，昆蟲和花卉。」

父親每次外出去釣魚、打獵，都少不了把小海明威帶在身邊。雨下個不停，但小海明威並不感到掃興。

海明威很愛講話，每看到一樣東西就講個不停，一見到那美麗的湖和茂密的山林，就心滿意足，看到樹林裡的小松鼠就開心。當划船回家時，他禁不住去幫忙划上幾槳。

愛德愛好各種體育活動。由於職業原因，他常常離家外出，一旦有了空閒，他就去釣魚和打獵。

愛德一向很重實際，事事自己動手，用父親安森從部隊帶回來的模具製造子彈，做水果罐頭，製作蠟燭，還包餡餅吃。他尤其不喜歡孩子們沉溺在夢想中。

1909 年 7 月 21 日，在慶祝海明威 10 周歲生日的儀式上，父親鄭重其事地將一支嶄新的獵槍贈給兒子。

父奈所做的一切表明他希望兒子成為一個會釣魚、愛狩措，崇尚大自然和勇敢、頑強、有氣魄的男子漢。當然，還應該是一個好丈夫。

而母親則恰恰相反，她對丈夫的嗜好不贊成，在培養孩子方面更是固執己見。她希望把兒子培養成一個音樂家，以彌補自己無法再登臺演出的遺憾。

為了和丈夫爭奪對海明威的培養專利，夫妻還展開了一系列很有情趣的抗爭。

海明威 3 歲時，父親買了一根釣魚竿給他，並帶他去釣魚。等到他 6 歲的時候，母親就買了一把大提琴給他，並教他學了一年的聲樂和對位法。

父親要海明威每個星期天跟他去森林裡打獵，母親卻連聲催他和自己一起去教堂唱詩班。

10 歲時，父親送給海明威一支一人高的獵槍，母親則為他舉行講究禮儀和合乎傳統的生日宴會。

母親在家中新蓋的三居室房裡，擁有了一間專用的音樂室，她日夜盼望海明威能坐在音樂室裡演奏大提琴，舉行第一次室內音樂會。

父親卻把孩子表現的另一些先兆視為至寶。他曾經發現 9 歲的海明威在就寢時間早已超過的時候還在燭光下閱讀達爾文著作。他深信這是一種明確的表現，說明這孩子「一如其父」，必將成為名醫。

說來有趣，愛德夫婦在海明威身上的這場爭奪戰的結果是，海明威在性格、脾氣和愛好上幾乎完全繼承了父親的一方。

海明威與他母親在感情上並不十分融洽，因為他不想成為一個藝術統治下的奴隸，他有自己的廣闊天地。

儘管母親堅持要海明威學大提琴，但他卻說自己就是練一百年，也不會成為一個好的大提琴手。他對母親強迫他接受大提琴訓練非常牴觸。

但是，儘管海明威十分不情願，他還是按照母親的意思學習了大提琴。而實際上，母親教海明威學大提琴還是有良好影響的。

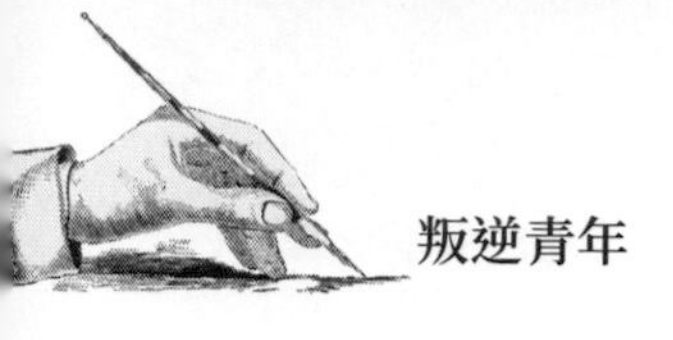

在海明威讀中學的時候，他在學校管絃樂隊裡一直擔任大提琴手，從低年級到高年級也還基本勝任。

更重要的是，對於一名優秀的作家來說，學習些音樂技巧，是十分有必要的。這點海明威在後來也承認，並且在他創作《戰地鐘聲》的對位結構中發揮了作用。

在海明威的一篇小說《過河入林》中，有感於童年音樂的薰陶，他寫下過這樣一段文辭優雅的描寫：

> 她的聲音是如此悅耳，使他回憶起帕布洛・卡薩爾斯演奏的大提琴，它使你像一個受傷者感到痛苦難耐時所得到的安慰。

母親每年都去海上作風景寫生，而且每次都帶海明威一起去。後來母親帶著海明威遊覽了波士頓的歷史遺蹟。她向來以祖先的榮華顯赫為榮，對兒子說起往事時總是沾沾自喜。

但是海明威對此卻不以為然，在他心中，祖父和外祖父參加南北戰爭才是他嚮往的。陪伴母親東遊，他覺得索然無味，感到還不如去陪伴父親一同打獵有趣呢！

事實上，海明威的性格也正是父母兩人的雙重結合，他的性情和對體育運動的愛好一如其父，同時也繼承了母親的氣質和藝術才華。

度過快樂的童年

海明威的童年是無憂無慮的，在沃倫湖畔的夏季別墅裡，他度過了童年時代最愉快的日子。

那是一處寧靜偏僻的荒野，未開墾的土地上長滿了各種各樣的野花。海明威在水池中放養了許多小狗魚，每天觀察它們長大。

海明威對父親快速打飛鳥的本事讚佩不已。

又是新的一天，明晃晃的太陽灑進疏密有致的樹林裡，成了一個個小圓圈。微風吹過，小圓圈就閃動起來，跳躍起來。

四周一片靜謐。偶爾傳來一陣蟬鳴鳥叫，接著又是一片寂靜。

「砰！砰！」突然兩聲槍響。

「哈哈！爸爸，又打中了，中了！」

父親喜歡打獵，他出槍快，槍法準，一聲清脆的槍響，一定有草叢裡躥飛的野雞或蘆葦間出沒的野鴨應聲而墜。

為了打獵，愛德無視風雨，甚至法律，有很多無所顧忌的個人主義表現。

有一次，愛德的鄰居指責他濫殺，不該在禁獵季節違法捕殺禽獸。愛德不屑地反駁道：「您這位女士啊！根本別管什麼法，該打鳥時，還是要打。」

10 歲時，海明威隨父親到伊利諾伊南部去打鶴鳥。他在草地上奔跑，向看見的鶴鳥開槍，但一隻也沒打下來，而鶴鳥卻紛紛哀叫著墜入草中。

海明威撿起一隻鳥，把槍上好子彈，便去找父親。

愛德一見便問：「海明威，你打到沒有？」

海明威不說話，舉起手中的鳥兒。

「那是公的」，醫生說：「看牠的白脖子，多美！」

海明威為自己撒謊感到難受，晚上偷偷地在被子裡哭過。如果父親從沉睡中醒來，他會向父親坦白自己的錯誤。

海明威非常非常愛他的爸爸，因為他爸爸也很愛他。爸爸無論外出打獵還是釣魚都帶上他，除了訓練他的膽識和勇氣，還手把手教他垂釣和射擊。

小海明威喜歡媽媽嗎？應該說也是喜歡的。可是媽媽的清規戒律太多，對他要求太嚴，總叫他做他不想做的事：

「把釦子扣好！你看你，像個什麼樣子？！」

「該拉大提琴了。」

她就是不讓他有半點自由。

到了夏季別墅，一切就都不一樣了，海明威得到解放，在這裡是無拘無束的，沒有橡樹園的那種城市的約束。

在這裡，海明威可以光著腳跑路，向藍色的天空開槍打野鴨和大雁，偶爾捕殺一隻鹿；或者靜靜地坐著釣魚，等待那種巨大的凸眼狗魚上鉤。

在這裡，海明威得到了解脫。儘管母親在他小小年紀時就教他大提琴，來夏季別墅度夏也沒忘了把琴帶來。可是琴擺在屋角，只要母親不發話，他是不會碰一下的。

至於書，他倒是無所不讀，讀書所用的時間和所讀書籍種類之多都與他小小的年紀不相稱。

有時候父親也帶海明威到密西根州北部森林去參觀印第安人的營地，印第安人簡樸的生活給海明威深刻的印象。

那裡的印第安人重視自己的身體，他們教男孩在森林裡獨自生存的本領，教會女孩尋找草藥和野菜以及做飯、織布和縫衣。這種生活似乎比橡樹園人的生活更樸實、單純。

小海明威突然感到一陣尿急，忙放下手中的鳥和鞋，解開褲子，對著一棵粗粗的樹幹就撒起尿來。

「海明威，海明威，你在哪裡？」

父親走了一陣，猛然感到兒子沒在身後。他叫了幾聲，卻沒有人回答。

原來海明威拎著褲子，正呆呆地看著不遠的地上。

恐懼和好奇緊緊拽住了海明威，使他忘記了一切。就在他前方不遠處，一條大蛇正和一隻大蜥蜴搏鬥呢！

一條比水管子稍細一點的長蛇伸長頭頸，捕捉一個比它粗一倍的蜥蜴。長蛇張開血盆大口，使足勁兒把蜥蜴往下吞。

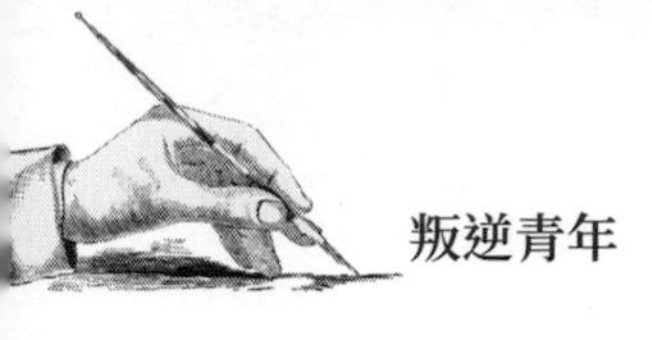

出於求生的本能，蜥蜴儘管已進蛇嘴，還拚命往外掙扎，勇敢、頑強，又有幾分可笑。

每當那條蛇停下來歇口氣的時候，蜥蜴便能掙扎著從蛇嘴裡露出後腿來。但是，蛇又一吸氣，後腿又不見了。蜥蜴的粗大和力量全然無濟於事。

經過 15 分鐘的戰鬥，那條蛇又把頭縮回到它所盤臥的地方，活生生的蜥蜴仍然在蛇肚裡亂踢亂跳。

海明威眼睜睜看著蜥蜴進了蛇腹，這畫面一直深深地印刻在他的腦海中，使他第一次懂得弱肉強食的道理。

保留橡樹園傳統

橡樹園是芝加哥一個富庶的郊區，曾有「世界中產階級之都」的美譽，別名叫「聖休村」。村裡既沒有豪華的廳堂，也沒有可憐的貧民。許多家庭富裕美滿。

海明威就出生在橡樹園，他的童年就在這個安靜的小城鎮中度過。雖然他後來做了故鄉的叛逃者，但橡樹園的傳統、宗教以及道德規範給他留下一生的烙印。

橡樹園在歷史上曾經出過「四大名人」，這也是橡樹園的一大自豪。不過這 4 個名人在走出社會後都受不了橡樹園嚴謹寡味的清教徒生活，他們自成一格地叛逆。

這 4 位名人，一位是伯特 · 聖約翰，美國著名作家；一位是弗蘭克 · 洛伊德 · 賴特，美國著名的建築設計師；還有一位是查爾斯·吉托，總統候選人，落選後槍殺了加菲爾德總統；最後一位，就是海明威。

橡樹園是一個很有特色的小鎮。在這裡，教堂很多，去做禮拜的人也很多。居民們都非常善良，說話時帶著那種又尖又硬的基督徒語調；星期日做禮拜時帶著絲帽，十足的紳士派頭。

橡樹園的居民們自視清高，他們稱自己為橡樹園人。雖然他們中有絕大多數人都在芝加哥工作，卻不承認自己是芝加哥人。

橡樹園人的日常活動中心都是在學校、教堂和當地民政機構。他們大都是清教徒，生活習俗相當嚴謹，完全是一個典型的清教徒社會。

所謂清教，是基督教新教中的一派。它源自於 16 世紀時期的英國，原本是英國國教聖公會內以加爾文的宗教思想為旗幟的改革派，後來又從這一派中發展出一些脫離國教的新宗派，如公理會、長老會、公誼會等。

這些人主張清除繁瑣的宗教儀式，反對奢侈生活，嚴格遵守聖經規定的道德標準。他們制定了嚴格的清規戒律，清教徒不許吸菸、不許喝酒，不許看戲和跳舞等。

整個橡樹園都是這些清教徒，他們生活條件優越，鄉土氣息濃郁，具有一定的排外性。他們厭惡芝加哥，躲開了大城市的各種政治上的腐敗事物。這裡瀰漫著溫和、保守的氣氛。

海明威的家庭是一個宗教家庭，這就要求好動的海明威必須要嚴格遵守清教的一些規章制度。

吃飯之前，他們必須先要祈禱。孩子們的早課是祈禱、讀《聖經》、唱讚美詩。每個星期日都去教堂，在家守安息日，禁止一切娛樂活動。這些都必須嚴格遵守。

當孩子們犯錯，被母親打屁股時，都得跪倒在地，懇求主的寬恕。而海明威對此是相當反感的。

海明威的姐妹們終生篤信宗教，但海明威早在少年時期就隱隱地露出了背叛橡樹園傳統的苗頭，而這也使海明威的母親相當憂心。

為了使母親安心，讓她相信自己仍然一如既往地相信宗教，海明威不得不向母親再三地保證：「不要擔心我是不是一個好教徒，更不必為此煩惱、哭泣。我仍是一如既往，每夜必做祈禱，高興吧？！僅僅為了不使您煩憂，我也會是一個愉愉快快的教徒。」

這年秋天，海明威進入了安尼小姐的豪斯·英格利賽幼兒園，同時加入了由他父親辦起來的自然學習小組阿卡西俱樂部的分部。

在春天裡每個星期六上午，海明威總是同比他年齡大的同學一起大踏步地走著到樹林裡採集標本，或到第斯普靈河兩岸的灌木叢裡識別鳥類。

海明威 5 歲生日的時候，他的外祖父霍爾送給他一臺顯微鏡。海明威對此興奮不已，他興致勃勃地看著放在顯微鏡底下的岩石和昆蟲的標本，常常一看就是一個小時。

海明威經常跟著唱詩班唱詩，穿著高領衣服，梳著油光平滑的頭髮。但年幼的海明威常被這些讚美詩中的同音異義詞搞得糊裡糊塗，他以為大家唱的是一隻「討人喜歡的斜眼狗熊」，所以很想見一見這隻有趣的斜眼動物。

海明威幼年時期心腸很軟，看見一隻蒼蠅死了便痛哭流涕，想方設法把它放在糖水裡，希望把它救活。

海明威也喜歡各種各樣的動物，特別是野生動物。他很認真，喜歡和小動物們一起玩，會把他們當人看待。

少年時的海明威喜歡讀書，每當父親見他沉迷於一本書時，總要他多練練拳擊，打打獵。

海明威繼承了父親在體育方面的才能，一生中都喜歡拳擊、釣魚、打獵和冒險。他的耐心和個人主義也可以說源於其父。

愛德很有耐心，做事堅忍不拔。有一次，他在自家農場一平方英里左右的馬鈴薯地裡數害蟲，統計它們的數量。對正常人來說，這是一項枯燥乏味的工作，但愛德大夫完成了。

後來海明威雖然很想根除橡樹園的清規戒律對他的影響，但他自始至終保留了橡樹園中的很多傳統，比如辛勤忘我地工作、自我奮鬥的精神、真心實意的作風和力戒邪惡等宗教信條。

橡樹園的生活對海明威影響如此之大，以至於他借自己小說中的主角尼克·亞當斯之口，深感遺憾地說：「這些虛假觀念既然已深植於你的腦海中，它也就伴你終身。」

爭強好勝的拳擊手

海明威 14 歲的時候比同齡人都顯得高大，他已是一個肩寬背闊、脖子短粗的少年。

這一年，海明威進入了橡樹園中學學習。橡樹園中學是當時最好的中學之一，教師的待遇是伊利諾伊州中最優厚的，因而名師雲集，而且這些名師都注重文科。

海明威成為一代文學大師，拋開他個人努力奮鬥的因素，與他在中學時代所受的教育也是分不開的。

有一天，海明威在瀏覽《芝加哥論壇報》的時候，看到一則拳擊訓練班的招生廣告，便向父親請求，允許他報名參加。像往常一樣，這件事又引起了家裡的爭論。

愛德對此表示贊同，對兒子敢於涉足拳擊的勇氣和冒險精神感到滿意：兒子和自己一樣熱衷於各種體育活動，真是虎父無犬子啊！

但是，這件事情到了母親那裡，卻遭到了堅決反對。

「不，不行！我們的兒子雖然門門功課都得了優秀，但是他花在課外活動的時間太多了，而花在音樂和學業上的時間卻相對過少。另外，拳擊又危險又難看又激烈，不適合他。」

格雷絲大搖其頭，她認為拳擊是一種激烈、危險和野蠻的運動，拳擊手都是毫無教養的。

在母親內心深處，還怕兒子再受到什麼傷害。在海明威小時候，這個淘氣的男孩從山上往下跑，口裡銜著木棍，正跑得急，腳下被樹根絆了一下，摔倒時木棍戳入喉嚨，把扁桃體都捅出來一部分。

還有，兒子長期在湖上垂釣，小小年紀腰便有些彎，背也微駝。

她想把海明威培養成斯文知禮的紳士，便不願兒子誤入歧途，何況拳擊與橡樹園傳統格格不入。

如果說海明威要求去學小提琴或其他樂器或者唱歌，格雷絲一定會毫不猶豫就同意他去的。但是學拳擊，不行！

經過家庭會議無數次的爭執、求情、磋商，終於還是父親占據了上風，海明威能夠去上他的第一堂拳擊課了。不料，這險些成了他的最後一課。

教練給海明威安排的練拳對手奧赫恩是個職業拳手，此人是中量級拳手中的佼佼者，身高力大，拳法嫻熟，反應敏

捷。雙方實力的懸殊是顯而易見的。

教練把海明威帶到奧赫恩面前，對後者說：「他第一次來，手下留情些。」

奧赫恩看見海明威是一個年輕的小孩子，心中對他不屑一顧，當即同意手下留情。大家都認為海明威在職業拳擊家的重拳下不堪一擊。

不料比賽開始後，海明威勁頭十足，兩人逐漸打得不可開交。職業拳手很快放棄了點到為止的打算，一輪快拳反擊過去，把切磋變成一決雌雄。

幾個回合後，海明威便被打倒在地，一記重拳擊在他鼻子上，鮮血直流。

「這種事情我早就料到了。」海明威懊惱地對他的一個同班同學說，「但無論如何我也要試一試。」

「當時你害怕嗎？」

「當然害怕啦，那傢伙打起來要你的命！」

「那你何必跟他打？」

「嗨！我還沒嚇成那個樣子。」

格雷絲見兒子負了傷，大發雷霆。但是到了第二天，海明威照樣走上拳場，只不過模樣有些狼狽，鼻子貼了紗布，眼睛底下又紅又腫。

許多和海明威一起報名學拳擊的同學紛紛自動退了學。他們吃不了那份苦。但是海明威卻一直堅持下去。他是不會輕易打退堂鼓的。

一個月過去了。

兩個月過去了。

30 個月過去了。海明威的名頭開始叫響了。

海明威一如既往，一直堅持到底，很快成了一個出色的拳擊手。

1916 年，海明威第一次參加了職業拳擊賽。在橡樹園的一次比賽中，他與沃倫湖的一幫男孩子對抗，曾把一個男孩打得不省人事。

海明威是個出色的拳擊家，無論當時還是後來的一生中，海明威從未考慮過放棄這種運動。另外，在足球場上，這個高大的年輕人也常受到撞傷、擦傷和挫傷。

隨著兒子一次次受傷，做母親的焦慮也逐漸加深，擔心長子過不了青春期就可能給打得無可救藥了。這也難怪，誰不心疼自己的兒子呢？

更何況，格雷絲還是一位溫文爾雅的女士，來往的朋友也都是淑女紳士。而海明威卻經常像個小巷子裡的野小子，又是急診醫院的常客，熱衷於參加危險的比賽，如果腿跌斷、頭打破，那可真給這個有教養有文化的家庭丟臉。

但是海明威卻一點都不理解她母親的苦心。為了學好拳擊，他就像一頭小公牛，不斷接受各種各樣的挑戰。

有一次，海明威的頭部挨了狠狠一拳，一隻眼睛被打壞了，連醫生都擔心這會危及另一隻眼睛。

那次，海明威又遇上了一個厲害的對手。一上場，他就盯著對方，一邊心裡想著：「今天我一定要打敗他，一定！」一邊一上一下地揮動著拳頭。

海明威看準時機，一拳打在對方的太陽穴上。對方抽拳護住腦袋，躲閃著又前進了兩步，頭一低，照直打出右拳。

海明威往左邊一閃，進前對準對方的臉接二連三打去，一拳狠似一拳。

練習場上的夥伴發出陣陣吶喊：「海明威，加油！」

他心頭一熱，又鼓足勁兒撲向對方。吶喊變成了號叫。

他用盡全力又一拳打中對方的太陽穴，接著又是幾下，只見對方眼睛翻了兩翻，倒在了他的腳下。然而，就像地上裝有彈簧似的，對手騰地翻身跳起，死死抱住他，站穩了腳跟。

海明威用頭猛撞了一下對方的腦門。對手急忙鬆開兩臂，狠狠一拳打來。這一拳打得真厲害。海明威眼前一片金星，雙腿一軟，一下子失去了知覺。

「拳擊教會我絕不能躺下不動」，海明威說，「要隨時準備再次衝擊，要像公牛那樣又快又狠地衝。有些人批評我有嗜殺的天性。他們用同樣的說法批評了其他許多拳擊手。

我不信這一套。打拳擊憑天性，但是打死人卻不是為了要打死人。正大光明地打，打拳擊是為了取勝，不是為了打死人。」

海明威對此滿不在乎，也沒有因此放棄。恰恰相反，每次打翻在地，他總會盡快躍起身來，準備再次衝鋒。

一切為了勝利，不是勝利就是毀滅，強者必勝，這就是少年時代海明威的心理和對人生的認識。

叛逆的文學青年

海明威是一個叛逆的孩子，早在少年時期他就已經隱隱地展露出了這種傾向而讓母親十分憂心。等他長大一些，到了學校，這種傾向表現得更加明顯了。

海明威個性極強，凡事都喜歡爭強好勝，所以樣樣事情爭取第一。在球隊裡打球第一，他所喜歡的幾門課程的課業成績第一，在朋友中間出人頭地也是第一。

海明威的一個同學回憶海明威頗不隨和的性格時說：

> 海明威極為好勝，對任何人包括他的朋友在內均如此。他從不讓任何人，包括其家庭和學校，來約束他的行動自由。他總是雄心勃勃，富於競爭性，想做什麼就一定要做到底，為達此目的曾多次要應徵入伍。

海明威班上一個女同學對這個1.8公尺的高個兒、褐色眼睛，長得英俊漂亮的年輕人的看法則是：「非常自高自大，又頗固執己見，有時真讓人反感，但另一方面又極具個性。」

青春期的海明威十分叛逆，他對橡樹園嚴謹的清教徒習俗極為不滿。甚至後來看到自己的名字是以他外祖父厄尼斯特·霍爾的名字命名的，他都對自己的名字感到厭惡。

回顧海明威的青年時代，儘管1928年發生了父親自殺的悲劇，他的經歷還不能說是艱難困苦的。他沒有成為貧窮的犧牲品，也沒有挨過父母的打，更不曾被剝奪做人的權利。

但是令人難以想像的是，海明威的長篇和短篇小說中所描寫的血汙與殘酷同他早年的生活背景恰成鮮明對比。

青春期常有鬱悶之感，海明威就借運動和戶外生活來解悶。他從來不是一個愁眉不展的年輕人，但也從來不曾感到心滿意足。他曾兩次離家出走，但每次又都回去了。

海明威的母親對於孩子們的要求極為嚴格，要求他們生活必須有規律，平時也要穿戴整齊等。這些要求在今天看來算是一種規範，但是在當時，一度遭到了海明威的強烈反抗，有些牴觸行為甚至非常可笑。

有一次，海明威一家正在吃晚飯，父母告誡他不要挑食，要多吃蔬菜，不要光吃肉。可是不管父母如何誘導甚至加上耳光，海明威就是不吃蔬菜。結果自討苦吃，造成便祕，一連 9 天大便不通。

橡樹園中明令規定不允許飲酒，但是海明威對此完全無視，他和幾個好友常常聚會飲酒，一再破壞橡樹園的禁酒法令。而且海明威還公然反對那個人數越來越多的禁酒隊。

海明威那股熱情，就跟嘉莉．內欣當初用斧頭砍碎酒吧間櫃臺從而引起禁酒運動時一模一樣。

17 歲的海明威甚至於誇下海口說:「海明威，倒滿酒杯。」當然，他不敢在家公然喝酒，並想方設法隱瞞他飲酒作樂的情況。

海明威在年齡尚小的時候就已經懂得了愛情。他最能打動人心的短篇小說之一敘述的就是他初戀的消亡。他以嫻熟的筆法處理了情侶的訣別。

海明威把年輕人愛情的消亡描寫得像夏季的結束、暴風雨的結束，就像是「果子已被摘盡，秋風在光禿禿的果樹林中呼號」。

但是在人前，海明威卻又是一個極其優秀的青年。他在體育方面出類拔萃。他堅強的個性和在學業方面的優秀成績，使他的老師都很清楚地記得他。

直到海明威循規蹈矩地從橡樹園中學畢業很多年後，人們對於他的印象還是相當良好，這點從老師們對他的評價中可以看得出來。

海明威的老師這樣評價他說：「他是一名優等生，在文字表達方面很有天賦。進校頭一年，他對於描寫現實中的驚險場面就懷有無窮的興趣。」

另一位老師是這樣說的：「在基督教和清教徒哺育下長大的孩子，竟然對惡棍和下等社會知道得那麼清楚，描寫得那麼生動，使我本人和別的許多橡樹園人都覺得奇怪。」

誠然，如果以橡樹園的傳統道德來衡量，海明威的言行無疑是離經叛道，是十足的桀驁不馴的少年。但是如果說單純地從海明威青春期叛逆的性格就武斷地判定說他是一名壞蛋，或者少年時期表現不好，那可就大錯特錯了。

在海明威就讀的那所中學的年鑒上這樣記錄著：「沒有人比海明威聰明。」

在青春期的幾年裡，海明威的志向單純，他鍥而不捨，持之以恆，有條有理。他每做一件事都要用盡自己的最大能力才肯罷休，但還有「我記得，他在課內寫的東西完全與眾不同，在我看來簡直不像刻意的作業」。

海明威的鄰居甚至於驚訝地表示：「海明威居然能寫出那種書，實在叫每個橡樹園人大惑不解，驚訝不已！」他感到不滿意，覺得能力不夠強。

然而就是這股頑強勁，使他在辯論組得了演說獎，在田徑隊當了主管，在籃球隊做了隊長，而且成為水球隊、步槍射擊俱樂部和學校管絃樂隊的成員，還被選中當校刊編輯。他要競爭，他要得勝。

在橡樹園中學，海明威的知名度甚至一度超越了一些明星。

海明威多才多藝，只要是刺激、有挑戰性的事情，他都覺得有興趣。或許這與他本身的叛逆性格有關係。

有一次，學校舉行了一次話劇比賽，海明威立即在班級中組織了一個團隊參加。他披上假髮，扮演劇中的男主角。

不過海明威的表演讓眾人啼笑皆非，站在舞台上的海明威只管自己隨心所欲地表演。他暈頭轉向地在舞台上逛蕩。雖然他已經盡力地施展了自己的才華，不過對於整個團隊而言，卻因為他而徹底搞砸，最終名落孫山。

回顧海明威的一生，這可能是他唯一一次扮演一位高貴的角色。

海明威也是一個正義感極其強烈的青年，好見義勇為。有一次，海明威正在餐廳用餐，廳內的升降機突然發生故障，升降機上有兩名女服務員正在送飯，出現故障後非常危險。

海明威立即跳上前，赤手空拳抓住纜繩，和另外幾個同學一起將兩名女服務員救下。橡樹園中學還對此大肆報導，專門為海明威舉行了頒獎儀式。

在學校的最後兩年，海明威的精力主要集中在寫作上。他被聘為校刊編輯，負責學校的雜誌工作。

海明威回憶他的高中時代說：「在高中，我有兩位英語教師，一位是芳尼·比格斯小姐，另一位是迪克蘇小姐。我想，她們兩位是學校的那份文學雜誌《寫作園地》的顧問。她們兩人都很好，對我特別好。因為我既是運動員，學英語又很用功。」

1917 年，海明威發表了他的第一部重要短篇小說《賽皮·金根》。故事借密西根州北部奧吉布威的一個印第安人之口講述，以對話形式寫成，說的是行兇和復仇的流血事件。

《賽皮·金根》是海明威的處女作，現在讀起來都很圓潤，文筆有風采，也有些血腥，讓人很難想像這會是出自一個 16 歲的少年之手。

小說的主角是個混血兒。短短的篇幅中就安排了兩起兇殺，可見長期從事拳擊項目的比賽讓海明威的性格有了很強的暴力傾向。雖然小說的布局很得體，結尾也很巧妙，但是以兇殺和鮮血為內容的小說還是讓一般人難以接受。

這篇小說實際上已具備了海明威風格的雛形。暴力的主題、簡明的結構、輕鬆的對話方式，乃至於這種風格一致延續了海明威的一生。在海明威後來的作品裡一直保持著這樣另類的風格。

1916 年 11 月至 1917 年 5 月間，海明威寫了大約 34 篇故事。他的構思豐富，寫得洋洋灑灑，同時他也在鍛鍊他最喜歡的寫作技巧。

他以最完美的新聞體裁併年輕人的反叛方式，與林·拉德納展開長期筆戰，不亞於《芝加哥論壇報》的一家報紙的主筆。

此外，海明威的叛逆還表現在他創作的作品中。他曾經做過一件使學校校長感到驚恐和難堪的事情。

1916 年 4 月，海明威在當月的校刊《高千秋》上，發表了一篇頗具幾分諷刺性的小品，針對的目標則是鄉村俱樂部的一夥人。

戴爾·巴姆斯特德先生定於明日在鄉村俱樂部舉行晚宴舞會。莫里斯·馬塞爾曼、弗雷德·威休科克森、厄尼斯特·海明威、亞伯拉罕·林肯等先生和若菲將軍等都不會出席，因而也就有了充分的證據說明他們不在犯罪現場。

然而，最讓我們詫異的事情還並非他的離經叛道，而是海明威所創作的一切來源，竟然是依靠閱讀《聖經》來的靈感。

一個偏好描寫暴力、血腥、驚險場面的天才小說家，他一切的創作根源竟然是《聖經》，乍聽之下不由得讓人瞠目結舌。

不過仔細一想，似乎也就認可了。因為海明威出生在一個宗教家庭中，橡樹園清規中每週末都需要去教堂唱讚美詩，對於《聖經》，海明威肯定是花過很大心思研讀過的。

海明威在橡樹園中學受到的良好教育，以及他在創作方面做過的嘗試，為他成為一個作家打下了堅實的基礎。

他寫體育專欄文章時，模仿了專家們快節奏、口語化的文風，這使他畢業後成為一個見習記者受益匪淺。

一段浪漫戀情結束，海明威成熟過程中所必要經歷的一個階段也隨之告終。海明威準備繼續前進，自立自主，和他的同輩人生活在一起。

1917 年，18 歲的海明威即將畢業，他準備和學校告別，和橡樹園告別，和芝加哥告別，和那枷鎖般的清規戒律告別。

不上大學渴望參戰

在海明威的一生中，他始終與戰爭緊緊聯繫在一起。從小時候聽祖父講南北戰爭開始，海明威的心中就埋下了一顆嚮往戰場的種子。

海明威就讀中學的時候，正是歐洲進行第一次世界大戰的時候，但當時歐戰並未影響到中立的美國。

1917 年 4 月，第一次世界大戰進入了決定性階段，美國決定要「拯救世界和平」，參加「聖戰」，在全國範圍內從上到下掀起了一股軍國主義沙文主義的狂熱，提出了「神聖」、「光榮」、「犧牲」的口號。

美國正式發表聲明參加第一次世界大戰！

報刊上充斥著煽動武裝起來的文字，學校課堂裡發出動員起來的號召，著名的演員、歌星被拉來為歡送赴歐參戰的炮灰們舉行盛大的演出。

於是，整個美國沸騰起來了。所有人心中都只有一個詞語，參戰，參戰，還是參戰。

在美國軍國主義思想的煽動下，無數的熱血青年紛紛踴躍報名參戰。大街小巷都設有募兵局的報名點，去報名點報名的人絡繹不絕。

18 歲是一個躁動的年紀，18 歲是一個充滿了危險和誘惑的年齡。18 歲的海明威在美國全國沸騰的情況下躁動不安，熱血沸騰。

海明威再也沒有辦法安坐在教室中埋首寫作了，他再也看不進《聖經》中宣揚的寧靜了，他的心已經沸騰，他也要去報名參戰。

教室裡的人越來越稀少。大家湊在一起討論最多的話題不再是畢業，而是報名參軍。

「瓦茲羅德，聽說了嗎，昨天鮑威爾去報名參戰了？」

「怎麼會不知道？你看他那神氣的樣子，好像就他知道愛國似的。」

「是呀！誰不知道，現在歐戰正酣，歐洲正淪入敵寇的鐵蹄之下。我們是世界和平的守衛者，我們有責任和義務拯救世界和平於危難之中。走，我們也報名去。」

眼看著同學們一批批離開校園，奔赴歐洲戰場，海明威再也按捺不住了。他不顧母親反對，也去報了名。

軍醫們朝海明威看了一眼，便把他推到一旁。軍隊裡不肯接受一個眼睛受過傷的青年，哪怕他身材魁梧、體壯如牛也不行。

海明威的近視也許是由於母親的遺傳，他出生的時候左眼視力就不好。當第一次去夏季別墅的時候，父親就曾經為海明威做了一個小手術。

經過那次手術，海明威的左眼受損，10 歲左右發展成近視，但在學生時代他一直沒戴眼鏡，總是瞇著眼看遠處的景物。殘疾的左眼為他帶來許多不便和煩惱。海明威白天從來不睡，因為白天的光線太強。但是海明威沒有想到的是，左眼近視竟然會成為他應徵入伍的攔路虎，哪怕他小時候與父親一同打獵，槍法再嫻熟都無濟於事。

海明威懷著某種厭惡的情緒領取了畢業文憑，儘管當時學校還向他頒發了優秀成績獎，致了祝詞，儀式十分隆重。

海明威畢業了。他本來的志願是希望能夠報名參戰，但是因為左眼近視的緣故這個願望未能達成。那麼，如果按照一般人的人生規劃，海明威接下來就應該上大學深造了。

但是海明威從來都是特立獨行，他的人生軌跡在高中畢業的時候發生了急遽的扭轉。雖然海明威沒能如願參戰，但是他也沒有繼續上大學深造。

那麼海明威為什麼沒有上大學呢？可能你會說，海明威那麼叛逆，可能他的學習成績一點都不好，夠不上大學招生的標準吧。

誠然，海明威高中時代大量參加課外互動，並且醉心於寫作，在這些方面花費了大量的時間和精力，但是他在整個高中時代的成績還是非常優秀的。海明威是完全能夠升大學的。而且當時學校還有保送名額，據說海明威是個熱門人選，很多大學都紛紛向海明威拋來了橄欖枝，希望他能夠來本校就讀。

其中包括伊利諾伊大學，他們就直接說海明威可以保送就讀。而海明威的父親則希望孩子能夠上奧柏林學院，將來和自己一樣，成為一名優秀的醫生。

由此可見，海明威沒有上大學，並非是分數不夠的原因。那麼，是否存在其他原因呢？

根據海明威後來自己的說法，他之所以沒有上大學，是因為家裡沒有錢，家中所有的錢都被母親用在修建新的別墅上面了。這個說法出現於他成名之後發現自己身邊的朋友都

上過大學，而唯獨他沒有。海明威是知名作家，他的說法乍聽之下或許是可信的。但事實恰恰相反，海明威的人生充滿了傳奇主義色彩。

1920 年代的海明威是一個文雅自信的文人，1930 年代的他是一個狂妄自大的英雄，1940 年代的海明威則成了醉酒的吹牛大王。1950 年代末期，海明威健康遭受嚴重損傷，老年海明威在公眾形象方面的缺陷更是遠近聞名。

在人們心目中的海明威是個傲慢的利己主義者，這種形象如此根深蒂固，以致他們看不到他性格中較文雅、深沉的一面。

海明威的好朋友在談到他複雜的性格時說：「海明威為人高尚，是個很好的朋友。他的思想和感情中充滿著慷慨與熱情，有時表現得多愁善感，特別沉著和謹慎，但主要的是他的性格非常複雜。」

正是因為海明威如此複雜的性格，所以他對於青少年時期的回憶往往是不足為信的，甚至他往往會為了圓謊而找一個替罪羊。

比如，海明威說他沒上大學的原因是因為家裡沒錢的說法，就大謬不然。當時，母親還為他不上大學大發脾氣、惱火萬分。為此，她和海明威談了好多次，忠告、誘導、斥責都沒有用。

海明威的父親雖然堅決反對他參戰，但是對他在上大學前先工作一年的事情倒是非常支持的。

海明威是海明威家族頭一個不想上大學深造的孩子。他畢業之後有三種選擇，要麼上大學，要麼參軍，要麼工作。父母堅持讓他上大學，但他卻選擇了後者。

這件事情成了海明威和母親之間的主要矛盾之一。後來他從歐洲凱旋，母親舊話重提，又讓他上大學。當海明威再次違抗母命後，矛盾進一步激化，以致海明威被趕出家門。

即使海明威功成名就後，家裡仍認為他是海明威家族的恥辱，理由之一就是他是海明威家族中唯一沒有上過大學的人。

由此可見，海明威沒上大學的原因不是外因，而在於他本身，在他本身叛逆的性格。橡樹園的清規戒律已經整整束縛了他 18 年，他已經受夠了，哪怕不能參軍，他也堅決要同現在的生活方式告別。

海明威有自己的思想，他不想事事都遵從於父母的安排，也不想走父輩的老路，他要用自己的雙手闖出自己的一片天地。

叛逆的海明威，叛逆的性格，成就了日後極富傳奇色彩的一代文學大師。也許，這一切的起源，都來自於海明威人生的第一份工作吧！

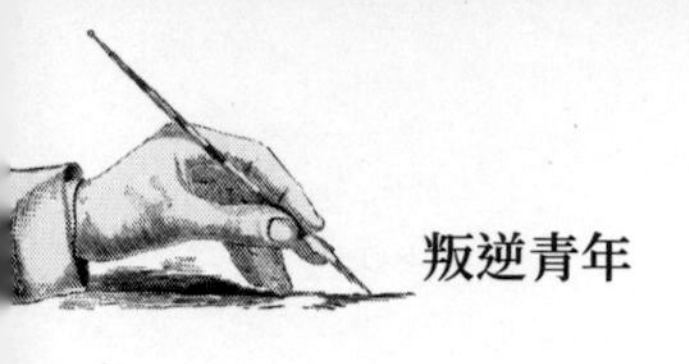

初次參戰

每一個人都需要有人和他開誠布公地談心。一個人儘管可以十分英勇，但他也可能十分孤獨。

—— 海明威

明星報的見習記者

海明威堅決繼續不上大學，也堅決繼續不留在家中。他要出去，他要結束現在這種生活，他渴望一種全新的生活。

終歸還是父親知道兒子的心意，看說不動海明威，他就透過自己的弟弟，幫兒子謀得了一個見習記者的工作。

愛德的弟弟泰勒·海明威是一個靠經營木材發跡的商人，在堪薩斯城定居。他是《堪薩斯城明星報》的社論首席撰稿人亨利·哈斯克爾的摯友。亨利幫海明威找到一個見習記者的職位，同時兼做雜役——「高中剛畢業的小夥計」。

海明威對這份工作很滿意，因為對他這樣的身材魁梧、富有理想和壯志凌雲的年輕人來說，新聞工作和戰爭一樣，都富有偉大的力量和刺激性。

而且，海明威之前在校園中就擔任校刊編輯，具有一定的工作經驗，他相信自己能夠勝任這份差事。他有熱情，有幹勁，因此他迫不及待地辭別父母前往堪薩斯城。

當時的堪薩斯城是墮落和罪惡的城市，在這個所謂「渾渾噩噩」的時代，這裡的妓院比檀香山還要多。

城裡犯罪行為隨處皆是，腐化墮落的現象處處可見，還有那些即將出國光榮參戰的新兵在這裡最後一次尋歡作樂，鬧得烏煙瘴氣。城市中販毒、賣淫、兇殺等罪惡現象，給海明威這位初出茅廬的青年記者上了社會學第一課。

海明威應該慶幸，這次的工作讓他遇上了社會中第一個真正教導他寫作的導師。因為該報社的主編皮特·威靈頓是一個很厲害的老頭子，也是海明威一生中遇到的最出色的高手之一。

要知道對於海明威這樣心高氣傲的年輕人來說，能夠稱得上高手而且讓他心悅誠服的人，可不多。

海明威來到報社的第一天，就被這個厲害的老頭子逼著做苦力。在日後，他在尋求刺激工作的同時，也不得不被逼著接受一種全新的報社紀律約束。

報社的主編皮特·威靈頓一見到海明威這個充滿活力的年輕人就喜歡上他了，可是老頭子的感情從不外露。

這個愛吸雪茄煙的、只用兩個手指打字的、性情執拗的老頭子非常厲害，他不但自己有一手，而且對他手下的人要求很嚴。

「你就是厄尼斯特·海明威？」

「是的，先生。」

「記者很苦，你知道嗎？」

「知道。可是我不怕。」

「既然如此，你就試一段吧。不過我可有言在先，在我們這裡工作，就得遵守我們的規定。全在這上面了，你好好看看吧！」

海明威接過一本小冊子，翻看起來。這是一份報社獨家的一套規則。這套規則經過實驗，證明完全正確，神聖不可侵犯。它總共包括 110 條不得違反的規定：

> 第一條：要用短句。
> 第二條：要有明快的風格。
> 第三條：要切實可靠。
> ……要用動作詞彙寫。刪去不必要的形容詞。刪去尚有懷疑的段落。刪減不必要的句子。能用一個字表達的絕不用兩個字。不許寫「黑色的烏鴉」，不許寫「大的悲劇」……烏鴉都是黑的，悲劇都是大的，事故都是重大的。

「他們逼我們苦幹」，海明威說，「特別是星期六晚上。不過我也喜歡苦幹，而且喜愛所有的特殊工作和額外工作。」

「《明星報》的寫稿規定像戰爭法規那樣唸給我們聽。不許我們使用過時的俚語，用俚語必須是新的，嶄新的，令人耳目一新的。」

儘管如此，海明威還是很喜歡這個工作，他一頭栽進了工作之中，用自己最大的熱情專心致志地把工作做好。

海明威自願乘救護車和救火車前往兇殺案的現場實地觀察。法院開庭審判時他坐在前排，然後根據他的所見所聞，如實地報導城市的醜聞。

海明威是否報導過遊園會之類的活動，當時沒有記載。不過凡是與行動、暴力和災禍有關的事情，海明威總是先到現場觀察，然後才坐在打字機前寫稿。

如同報社要求的文風明快有力、句短段小，強調新聞的新意、時效、準確和凝練一樣，海明威的生活也充滿了快節奏。

海明威早晨 7 時起床，8 時趕到辦公室，在市內到處採訪，一直奔波到 13 時才會花 20 分鐘吃一頓快速午餐，再一直工作到 18 時，等他回家時已是筋疲力盡。

在報社的同事們眼中，海明威無疑是一個正義感極強的人。他心地善良，樂於助人，只要是牽涉到這類型的事情，海明威總是會在第一時間出現在現場。

有一次，海明威在火車站發現一個奄奄一息的天花患者。周圍的人害怕傳染，躲得遠遠的，沒有人肯伸出救援之手。海明威毅然背起他，走出火車站，雇了一輛計程車把患者送到醫院。

該報主編回憶起海明威這個 18 歲的見習記者時說：「他喜歡行動。派他到中心醫院採訪時，他有一個惹人生氣的習慣，那就是一見有救護車要開出，他就要坐上，去看某種令人痛苦的創傷。事先也不通知報社新聞編輯部，擅離職守，他總是要親臨現場。我認為，這個特點在他後來的作品中一直是很明顯的。」

小說家兼編輯約翰·塞爾比補充說:「海明威總是鑽到市立醫院的住院登記處或者爬上救護車的後部。」

同時期和海明威同事的一位記者說:「海明威常常奔到現已遷到第十五大街和沃爾納特街的第四派出所,同鮑斯威爾警長和其他一些人一起坐在警備車上出去。鮑斯威爾是個頗有名氣的人物,很能造成一些使海明威覺得趣味無窮的令人激動的場面,這當然是報社新聞編輯室萬萬做不到的。」

確實如此,海明威經常光顧的有一個就是警察局。他和鮑斯威爾警長混得很熟,甚至還配有正規的警用星號。

海明威熱情積極地投身新聞工作,到處打聽內幕新聞。他在青年時期以及成年後都富於幻想,喜歡冒險。

有一次,他剛巧遇上一場大火,當時,連消防隊員們都很謹慎小心,他卻鑽入警戒線內,以便深入觀察火情的發展。雖然他沒有受傷,但是他的衣服被燒穿了許多洞。

海明威盡量遵循報社的規定去辦。但是,刪去不必要的形容詞並不等於不能用形容詞。他自認為必要的形容詞還是得用上,否則那文章不就太乾巴了嗎?而且報導完事件,寫點評論也是很自然的事。

可是威靈頓這老頭又找上他了。老頭把他叫進辦公室,關上門狠狠地訓了他一頓,說:「這是新聞報導,不是花邊文章。寫行動,用動詞寫,不要用形容詞。諸如『宏偉的』、

『燦爛輝煌的』、『五彩繽紛的』、『美麗的』等形容詞，通通給我去掉。文縐縐的形容詞在新聞報導中沒有地位。要寫事實，不要評論。何苦要把讀者弄得氣急敗壞？」

海明威後來說：「這些就是我在寫作方面所學到的最好的準則。我從來沒有忘記過這些東西。一個有才能的人在真正感受和如實描寫他要表達的一件事情時，只要遵守這些準則便萬無一失。」

誠然，正是威靈頓這種嚴格的要求，為海明威最終鍛鍊出自己獨特的文體開創了一個良好的開端。

值得令人注意的是，在報社工作的這段期間，海明威寫了 13 篇未署名的文章。這些文章預示了他在後來寫小說時對拳擊、犯罪、暴力、英雄行為以及自殺和死亡等問題的關注和興趣。

終於上戰場了

1918 年，這是世界歷史上一個關鍵性的年分。這一年，第一次世界大戰緩緩地落下了帷幕。這一年，年輕的海明威經過自己的艱苦爭取，終於第一次踏上了他嚮往已久的戰場。

海明威在《堪薩斯明星報》做得挺不錯的。在那裡，他得到了最初的文字錘煉。但是，年輕人的心總沒有滿足的時

候，他不滿足於僅僅只是做一個見習記者，他仍然渴望著有一天能上戰場，去那個炮火連天的前線。

海明威一次又一次地報名去參加各種兵役，但是全都遭到了拒絕。為了讓自己顯得更加成熟些，他特地留起了小鬍子。

一次又一次報名，一次又一次被拒絕，海明威焦急不安地等待機會。這一等就是 7 個月，他被上戰場的衝動整整折磨了 7 個月。

終於，機會來了，他終於有機會上戰場了。設法讓海明威去參加戰爭的，則是特德．布倫貝克。

那天，海明威到報社去交稿，發現那裡坐著一個身穿阿爾卑斯山輕騎兵軍服的年輕人。他心裡一動。這套軍服就是最好的標誌，也是許多年輕人夢寐以求的東西。這人必定剛從歐洲回來。

海明威暗地一打聽，果不其然！從此，他多了個心眼，主動去接近這個新來的記者。兩人年齡相仿，性格相投，很快就成了好朋友。

和海明威一樣，布倫貝克也有一隻眼睛受過傷。海明威對此特別關心。

「你那眼睛是怎麼受傷的？」

「這眼睛嗎？嗨！被高爾夫球打的。」

「啊！不是在戰場上傷的？」海明威眼睛一亮，「也就是說，一隻眼睛有毛病並不影響他去歐洲參戰嘍？」

「怎麼不是？！我不就當了駐法美軍野戰勤務部的救護車司機。一隻眼睛壞了礙不了什麼事，我還有另一隻眼嘛！」

漸漸地，海明威知道了布倫貝克出身於堪薩斯一個很有名望的家族，知道了他本是康奈爾大學的學生，由於眼睛被打壞了才離開了學校。但是眼睛傷殘並沒有影響他上戰場。當個救護車司機也是挺不錯的。

海明威講到了他的一次次報名、一次次受挫，講到了他是如何不死心。他多羨慕這個穿著阿爾卑斯山輕騎兵服裝的朋友！

「但是你怎麼又回來了呢？」

「還不是因為我那眼光短淺的母親。她生怕我被打死在歐洲，整天在家裡哭哭啼啼。最後竟叫我父親拍假電報，說是母親去世，要我回來奔喪。這不就把我騙回來了。」

「那你還想去嗎？」

「怎麼不想？我打算過幾天就去募兵局看看。」

「那好呀！別忘了把我也叫上。」

海明威和布倫伯克一見如故，結成好友。海明威結束白天的工作後，經常邀請布倫伯克到他房間裡來，兩人一邊朗誦布朗寧的詩，一邊喝義大利紅酒，共度一晚時光。

初次參戰

1918 年 5 月 12 日，布倫貝克和海明威領到紅十字會發給他們的軍裝，上面還帶有名譽尉官的符號。

一週以後，他們的部隊在紐約的第五大街舉行了隆重的閱兵式，從 82 號街口一直到貝特麗公園。檢閱臺上彩旗飄揚，威爾遜總統和夫人對這些出國作戰的男兒頻頻點頭致意，表示送別。

「我簡直激動得發狂。」海明威說。

美國第一次派遣青年到國外參加這樣大規模的戰鬥。海明威深為這宏大場面所感動。

海明威 18 歲，是這個紅十字會救護隊裡年紀最小的一個。這些救護車司機都是受過良好教育的，用《哈潑斯》月刊的說法，都是「美國生活中的精華」。

在紐約度過的最後一夜是海明威一生中最瘋狂、最歡樂、最喧鬧的一夜。他和布倫貝克通宵未睡。

兩個人從酒吧間到夜總會，從小酒店到咖啡館，從哈萊姆區到貝特麗公園，從包威裡街到中央公園。

他們要喝個痛快，樂個痛快，彷彿在這一夜間要把天底下的樂事享受個夠。待到天明他們趕到碼頭報到時，兩個人都眼睛紅腫，鬍子拉碴，衣冠不整，步履蹣跚。

也許高興得過了頭，出發前夕，海明威去信給父母和許多朋友，宣布與著名的電影明星梅·馬什訂婚。梅·馬什就是海明威小時候他祖父常帶他去看，聲稱看過 30 次的電影《一個國家的誕生》中的女主角。

這封信在橡樹園一石驚起千層浪，他的雙親震驚之後又傷心不已。他們根本沒想到兒子在婚姻上竟採取了個人獨立行動，而且感情衝動到想和電影界的妖女結婚。

同時也對兒子去城裡工作後與他們之間產生隔閡感到傷心。格雷絲十分擔心兒子的魯莽行動會毀壞他一生的幸福，她曾經為兒子和未來的兒媳設計的一個美滿小家庭也將隨之幻滅。

她給海明威寫信說：

> 看來，我作為一個母親是不合格的，因為兒子根本不信任我。我一直在問你交了什麼女朋友，你從不告訴我，現在卻一下子宣布訂婚。
> 你將來回家來也許會受傷或致殘，這個女人仍會愛你嗎？結婚應該是兩個相愛的靈魂有過一段堅貞的友誼交往後的事，結婚儀式之前也總得先築一個安樂窩。

海明威也感到後果的嚴重，急忙往家打電話解釋說，他這次訂婚僅僅是一時的幻覺而已。對此，父親愛德雖然惱怒萬分，卻也總算鬆了一口氣。他給兒子的信中說：

> 你半小時前來電話解釋這只是開了一場玩笑，我聽到後，得到了安慰。你這個小小「玩笑」，卻使你

母親和我連續5夜失眠。我希望你趕快給你親愛的母親寫信，安慰她這顆破碎的心。

1918年5月23日，「芝加哥號」起航了。這是一艘與海明威的家鄉一樣名字的船艇。海明威終於徹底擺脫了家庭的羈絆，他為這次偉大的遠征興奮不已。

不知道海明威心中真正慶幸的是能夠擺脫家庭的羈絆還是能夠前往夢想已久的戰場，或是兩者都有。

這次航行十分順利，既未遭遇敵國的艦隊炮轟，也未受到敵國潛艇的截擊。大家都為此暗暗慶幸。可是海明威卻覺得受了騙，因為一路上沒有發生驚心動魄的事情，不夠刺激。

不過一路上他打撲克、擲骰子，到高級船員酒吧間買啤酒給大家喝，很快交上了許多朋友，倒也不感到寂寞。

海明威的心開始熱情澎湃，看著越來越近的歐洲大陸，他彷彿已經聽到了轟隆的炮火聲。這個熱血的年輕人，已經做好了全部的準備，去接受戰火的洗禮。

血與火的洗禮

1918 年 5 月，第一次世界大戰歐洲戰場進入了最激烈的階段。當時的巴黎正在遭受德國遠程巨炮的轟擊，到處是砲彈的呼嘯、炸坍的殘垣斷壁、血肉模糊的屍體、驚恐的婦孺。

德國發起了一次企圖突破防線的大攻勢。鋪天蓋地的砲彈把房屋炸得東倒西塌，滿城都是瀰漫的硝煙、橫飛的亂石，人們不得不躲進空氣惡濁的防彈洞。

而海明威對遇上這場炮擊卻興奮異常。他用重金雇了一輛計程車，載著他和布倫伯克開到遭炮火襲擊的地方，打算用電話立即向《堪薩斯明星報》發出這一現場新聞報導。

於是，這兩人坐在汽車裡到處追趕著砲彈的爆炸。砲彈飛馳的響聲就像是擊落在他們的車上。一陣陣砲彈從他們頭頂上呼嘯而過，然後是劇烈的爆炸聲，之後是火光沖天，最後是一片慘叫。彈片擊中了馬德林教堂的正面，一塊一尺見方的石頭頓時被掀了下來。

真夠驚心動魄的！

但是，這裡還不是戰場，戰場離他們還很遠。海明威巴不得早點到前線去，早點去接受那血與火的洗禮。

海明威洩氣了，這與他想像中的戰場相差太遠。他這樣說：「這簡直叫人等得不耐煩，我真希望他們趕快把我們送到前線去。」

在巴黎逗留兩天後，海明威他們乘坐火車往義大利駛去。越往南，戰爭的氣息越濃，危險越大。

6 月初，海明威他們來到了米蘭。到達的當天，當地一座軍火工廠發生爆炸。

紅十字會救護車隊立刻趕到現場，一些司機被派到那些尚未爆炸的軍火庫周圍巡邏，一些人被派去撲滅蔓延的火勢。

海明威還像在堪薩斯城醫院工作時一樣，從工廠周圍的鐵絲網籬笆上取下血肉模糊的屍體和斷肢殘腿。

海明威從米蘭給惦念他的父母寄去了一張明信片，上面只有 4 個字：「十分愉快。」

他還給他的主編兼老師威靈頓寄了一張，這一張倒是挺詳細：「到這裡的第一天就經受了戰火的洗禮。一個兵工廠爆炸了。我們的任務是抬傷員，像在堪薩斯中心醫院一樣。」

緊接著又給他寄去一張：「好傢伙！我身臨其境了！」

海明威、布倫貝克和另外 22 名司機被分到米蘭以東 100 多英里外的斯基奧。

他們正要出發開赴前線，奧國軍隊向那裡發起了進攻，巨炮射擊過來的砲彈流星般直往下落。海明威他們一下火車便趁著發炮間歇往車站裡跑。

爆炸發生兩天後，海明威他們到了救護站。救護站門口掛著一塊滑稽的木牌，上寫「斯基奧鄉村俱樂部」。

海明威開笨重的汽車，寫了一篇幽默小品給軍營報紙，除此之外就是游泳、打牌和閒逛。

這樣過了一星期，海明威大發脾氣：「我閒得受不了啦，無事可幹，盡看風景。可叫我討厭透了，我要離開救護隊，找到打仗的地方。人家在那裡打球，我卻必須在這等候入場。」

有志者，事竟成。儘管海明威還是一名非戰鬥人員，但是他還是很快給自己找到了一份工作，為戰士們送香菸、巧克力和口香糖。

海明威常常靜坐在一個地下掩蔽部前面的戰壕內。戰壕距皮亞韋河 30 英里，距奧國守衛線 60 多英里，他每天的工作就是穿越這 30 英里的戰線給戰士們送安慰。

在海明威寫戰爭寫得最好的 3 篇小說之一《尼克・亞當斯故事集》中，主角尼克・亞當斯在美國部隊參加義大利戰爭以前先期到達義大利，他對自己只是扮演一個宣傳、吹牛皮的角色感到啼笑皆非。書中這樣寫道：

> 別人想像我應該是口袋裡裝滿香菸、明信片等這類東西，我還應該帶來一背包的巧克力糖。我來到戰士們中，應該是拍拍他們的背，說些溫存慰藉的話，然後分發這些東西給他們。

海明威在這場戰爭中所做的工作雖然有意義，卻是微不足道的，但他在異國戰友中卻享有戰友情誼，大家都親切地叫他美國年輕人。

海明威同義大利官兵很快交上了朋友。大家一見他來都會熱情地叫他：「你好，美國年輕人！」

「嗨，兄弟！今天又送啥好吃的來了？」

砲彈在地堡上空呼嘯；傷員在戰壕底部的沙袋上呻吟，爆炸的迫擊砲彈劃破漆黑的夜空。海明威真正置身於戰爭的氛圍裡。

既然是戰場，那麼肯定就會有死亡，海明威從踏上戰場的那一天開始就已經有這種覺悟，但是他沒有想到的是，這一天會來的這麼早。

1918 年 7 月 8 日，海明威中尉的名字出現在駐義美軍救護車司機重傷員的名單上。在他 19 歲生日前的兩星期，也就是他深入前線戰壕一星期之後，海明威在救護義大利受傷士兵的過程中被奧國軍隊的炮火擊中，身負重傷。

那日午夜，海明威在戰壕中分發巧克力糖時，抓起一個義大利士兵的步槍，向敵人前線陣地射擊。

海明威的槍聲招致了敵人的反擊，機關槍吐著火舌咆哮起來。那個地方光禿禿的，毫無遮攔，盡是稀泥。

海明威看見那個受傷的義大利人危在旦夕，便縱身沖上前去，想把他拖進戰壕。這時忽然「轟隆」一聲巨響，密如暴雨的彈片四射開來。

蹲伏在海明威和爆炸地點之間的一個義大利士兵犧牲了，稍遠的一個被炸掉了雙腿，還有一個被削去了整個面孔。

海明威甩了甩頭，從震盪中清醒過來，繼續艱難地向夜幕裡爬去。

夜色漆黑。但是敵軍仍然發現了這個爬動的黑影，一陣機槍掃射過來。黑影往旁邊猛一滾，又繼續匍匐前進，時而還縱身一跳，避開陣亡者的屍體。他一直在仔細尋找那個受傷的義大利人。

海明威聽到那個義大利士兵痛楚的呻吟聲，紅十字會會員的責任感促使他向傷員爬去。海明威艱難地爬到傷員身邊，傷員已不省人事，但還活著，海明威抱起他往背上一背，返身往地下掩蔽部撤退。突然，天崩地裂一聲巨響，空中頓成一片火海。倘若世上真有妖魔鬼怪的話，那麼所有的妖魔鬼怪齊聲怪叫也沒有這一聲爆炸嚇人。

又是一陣炮擊。巨大的砲彈在爆炸，細碎而致命的彈片密如驟雨。射來的砲彈大都打在義軍右側 10 公尺開外的地方，但那四處迸射的彈片卻像尖釘一樣把人釘在地上動彈不得。

剎那間，海明威覺得，這下完了。單是震盪就已經使他幾乎喪生。

關於這一時刻，海明威後來回憶道；「我那時已經死了。我覺得我的靈魂或者別的什麼正在從我的軀體裡往外溢出，就像你捏著一角把一塊綢手帕拉出口袋一樣。靈魂飄蕩了一圈又回來了，我才活過來。」

海明威清醒過來的時候，兩條腿沒有一點力氣，軟得像麵條一樣。身上有點痛，但主要是麻木，使他惱怒可又喚起信心。他有時踉蹌，有時匍匐，有時則又連走帶爬，掙扎著把肩上的傷員背回戰壕。

夜色漆黑，海明威背著傷員踉蹌地走著，兩條腿由麻木變成劇痛，背上的傷員悲慘地呻吟，使他更舉步維艱。他在泥濘中一步一步地往前移，平日幾步就可穿越的路，如今竟漫長無邊。

海明威背著的那個義大利狙擊手尖叫一聲軟癱在他的肩上。這一聲響亮的尖叫驚動了奧軍。幾道直射的光束在搜尋那個背人的人、那個渾身泥漿的黑暗的人影。探照燈光集中在義軍陣地上。

海明威繼續奮力爬行。他的肌肉開始痙攣了，一陣陣疼痛襲來。他的呼吸也開始困難了，每爬一步他都要大口大口地喘氣。他頭腦裡只有一個想法：爬回營地，爬回營地，到達那裡，那就是目標。一直到營地他才能停下來。

距離在一點一點地縮短。他終於快要到目的地了。探照燈又一次照亮了戰場，剎那間敵人停止了射擊。

後來，一個奧地利軍官回憶說，他們看見一個人背著一個傷員朝紅十字會營帳爬去。那個人爬得很慢，看起來他也受了很重的傷，但是他還是很努力地向前爬著。敵人都非常敬佩這種勇氣，他們不忍心打出那決定性的最後一槍。

這正是海明威所需要的一瞬間。敵人的同情讓他有幸得以逃脫敵人的圍剿。他憑藉著自己的頑強的精神感動了敵人。當他已經到這樹林和小山的後面，有了掩護。這個受盡了磨難的巨人現在都給遮沒了。

又一次開起火來。奧軍的機關槍瘋狂向黑暗中掃射。這次攻擊打響 30 分鐘後，海明威到達了目的地。義大利的士兵攙他進入戰壕，又小心翼翼地從他的肩上抬下了那個動彈不了的傷員。但是傷員已經停止了呼吸。

海明威感到渾身上下千百處疼痛。新發現的疼痛，他剛才沒有感覺到的疼痛。震盪和激奮狀態所導致的麻醉這時在消失。

後來海明威給母親的信裡說：「我的兩隻腳感到好像穿上灌滿了熱水的長筒雨靴似的，一個膝蓋活動時的感覺也很奇怪。中了機槍子彈時感到像是一個冰凍的雪球猛擊在腿上。」

海明威一頭倒在了地上，人事不省。等他再次醒來的時候，已經是兩英里外的野戰醫院裡面了。

身中二百三十七塊彈片

海明威是一個能夠創造奇蹟的人，他的一生都充滿了傳奇色彩，而這一次的意外負傷也是他傳奇故事中的一個。

海明威將那名傷兵送回營地的時候，已經人事不省，人們用擔架把他抬到兩英里以外的野戰醫院裡，軍醫們對他進行了一番急救。

看到滿身都是槍眼的海明威，軍醫們當即直搖腦袋。海明威能夠活下來的希望微乎其微，就是活過來，也必定是個廢人。

海明威經歷了一番生與死的考驗。軍醫們在簡單的設備下對海明威進行了第一次手術，從他的身體中取出了 28 塊彈片，然後又把他轉到米蘭的美國紅十字會醫院繼續治療。

醫生們為海明威做了比較全面的處理，注射了幾針嗎啡和抗破傷風劑。使義大利醫生驚奇的是，海明威的傷都位於臀部以下，穿孔達 200 處以上，有 10 處是重傷。這一次，醫生給他取出 26 塊彈片。

之後，醫院又對海明威進行第二次，第三次，第四次……前前後後一共動了 13 次手術，先後取出 227 塊彈片。另外還有十多片實在沒有辦法，只好任其留在體內，一直到死。

醫生們首先慶幸的是，他總算活過來了。他的身體像個篩子，布滿了槍眼，能夠活過來，這簡直是奇蹟。

許多醫生都認為，他不能再走路了。有幾位主張鋸掉他的右腿。海明威氣得咬牙切齒，堅決反對。

「不！我寧願死也不鋸腿！死我不在乎，但我不能一輩子拄著拐杖走路！」

為了保住右腿，海明威用鉛筆刀剔腿上的小彈片，甚至出院後還幹這樣的蠢事。讓醫生們感到吃驚的是，這個一直在死亡線上掙扎的年輕人居然像艾森豪威爾將軍那樣在極短的時間內恢復了健康，並且在不久之後就扔掉拐杖用兩腿走路，儘管一跛一跛地搖晃不定。所不同的是被打碎的膝蓋骨換成了白金做的。

海明威能夠在這麼短的時間內恢復健康，這都要感謝一個美麗的姑娘阿格尼絲。

那時阿格尼絲 26 歲，比海明威大 7 歲。她頎長秀麗，栗髮藍眼，風姿綽約。她比海明威早一星期來到這所新開辦的醫院，海明威是在義大利受傷的第一個美國人，也是這所醫院第一批病人之一。

阿格尼絲既迷人，又富有同情心。她動作敏捷，頗具幽默感，到處洋溢著她的活力、熱情。

阿格尼絲聽說了海明威這個巨人般的英雄，她看見了他渾身大大小小的傷口，她聽到了醫生們的議論。阿格尼絲不相信他會死，她不要他死。這樣的英雄不會也不該過早死

去。她一有空就來到他的病床前，為他祈禱，為他擦洗，換去骯髒的繃帶。

在大多數情況下，海明威都神志不清，記憶混亂，但是他感覺到了一種新的美，感覺到他的四肢生機盎然。

他伸出一隻手，把阿格尼絲的手指放到嘴邊，突然眼前一黑，昏迷過去。生命與死亡繼續作戰，最後，生命終於勝利了。

海明威親暱地叫她「阿格」，她是對他的傷痛最有效的一劑藥。

在阿格尼絲的精心照料下，海明威日漸康復。他從床上轉移到輪椅上，然後用雙拐，最後只拄手杖了。

阿格尼絲是一個美麗、樂觀的美國女人，而海明威在那時則是她看到的最英俊、堅強、魁梧的男人之一。所以他們相愛了，愛得很深。

海明威和阿格尼絲一起參觀了大教堂、拉斯卡拉歌劇院和科瓦咖啡廳等處，漫遊了加萊裡阿，一同乘坐敞篷車去看賽馬。

他們的感情日深。

海明威原打算在義大利旅居一年，但是後來他放棄了這種打算。在回國之前，他和阿格尼絲約好，只待他身體康復就結婚，婚後隨他定居美國。可惜天不從人願，海明威離開之後不久，阿格尼絲就移情別戀，愛上了一個義大利上尉。

這次的情變給海明威刺激很大，他完全沒有想到自己的求婚竟然會遭到拒絕，更沒有想到阿格尼絲會移情別戀。感情上的痛苦甚至超過了他負傷時肉體上所受的痛苦，這種痛徹心扉的打擊讓海明威深受其害。

當然，從另外一個角度來看，海明威遭遇的負傷和情變對他而言並非都是壞事。就像每一部偶像劇的男主角一樣，在被女友打擊之後必定會有一番痛定思痛的經歷，他們必定都會奮發圖強取得成功。海明威也不例外。可以這樣說，由於阿格尼絲的拒婚，促使他努力奮鬥，終成為一代文學巨匠。

與阿格尼絲的感情糾葛也為海明威創作《戰地春夢》提供了靈感。在這部世界名著中，阿格尼絲是女主角凱薩琳·巴克利的原型。不過小說中所描寫的並不與實際生活一樣，柔順的凱薩琳成為男主角的情人，而且受到懲罰，難產而死。在小說中，海明威報復了情變的前女友，這讓他更喜歡上了這種沒有暴力的發洩。這樣的發洩可以讓他失戀的痛苦稍微緩解了一些。

海明威還在康復期間，義大利政府就向他頒發了戰功十字勛章和勇敢勛章，這是義大利表彰作戰英勇的最高獎賞。

康復了的海明威已經符合退伍的條件，他滿可以回國了。但他偏不回去，他還要找仗打。

海明威瘸著腿參加了義大利的一個步兵部隊，隨之重新投入戰鬥。這次，他不只是分送巧克力和口香糖了，他成了

一名真正的戰士。他在田野裡打仗，在阿爾卑斯山打仗，在義大利北部的森林裡打仗。

「當步兵有個好處，」海明威在《過河入林》中寫道：「那就是你永遠不會有什麼夢想，只會從壞處著想。」

許多年後，海明威已觀察過多次別的戰爭，他總結出參戰者的想法：「當你作為小兵參加戰爭時，總會抱有不會犧牲的偉大幻想。別人陣亡了，你沒有。後來，當你第一次受重傷時，你就丟掉了這種幻想，你知道這也會發生在你的身上。」

凱旋歸來的英雄

1919 年 1 月 4 日，歐洲戰場已經結束了尾聲，海明威這個參戰的士兵也完成了自己的任務，光榮地作為一名退役兵人返回了國家。

攜帶著停戰之後義大利政府授予他的一枚十字軍功章、銀質獎章和勇敢獎章，海明威從義大利的熱那亞乘船歸國。

海明威一生經歷頗富傳奇色彩，從中學時代直至戲劇性的去世，他始終是人們關注的焦點。

海明威是第一個在義大利負傷的美國人，也是第一個回國的。他如此勇敢，身上還殘留著許多碎彈片。他儀表堂堂，善於辭令，又享有愛國盛名。他經受如此重傷，卻能神奇地迅速康復。

在美國人心目中，海明威確實是一個理想的英雄。所以海明威在紐約港走下船時雖然疲憊無力，但情緒一直很激奮。

像其他軍人一樣，海明威也留了一簇法國式小鬍子，這與他那英俊而稜角分明的臉龐不太相稱。

功成名就，現在的海明威願意承認，當時為了參加紅十字救護隊，他謊報了年齡。

海明威在戰場上表現得的確不錯。那就是勇敢嗎？他不承認，他說那只是一種衝動。

在戰爭中發夠了橫財的壟斷資產階級大吹大擂掀起了一股歡迎「英雄凱旋」的熱潮。

紐約的中心區曼哈頓一向是熱愛英雄的，它喜愛遊行隊伍、軍樂隊、行軍、五彩紙屑和拉拉隊。紐約人熱愛凱旋的軍人，盛讚這位做過記者和報人的年輕的海明威。

對於海明威，著名的《紐約太陽報》專門刊登了長篇文章報導他的英雄業績，誇他身上的傷疤比其他任何一個穿軍裝或不穿軍裝的人都要多，誇他根本不怕中歐洲列強的砲彈。

熱情的紐約人用上了世界上最美麗最動聽的語言來盛讚這位做過見習記者和救護車司機的英雄。可是海明威這時候最需要的是一份工作。

作為第二次世界大戰中永垂不朽的英雄厄恩尼·派爾的先驅，海明威宣稱：「只要紐約任何一家報館需要一個不怕工作和不怕受傷的人，我就合格。」

可是，紐約沒有接納他。3 枚軍功章雖然光輝耀眼，卻無法為他找到工作。他只好回到橡樹園。

海明威最不喜歡的就是又要回家這件事，因為橡樹園那個地方盡是一些講禮貌重規矩的人，還有他們那些文質彬彬和頗有修養的空談。

海明威勢必要去看望一些和他年齡相仿的清清白白、只會傻笑的姑娘，勢必會應邀參加鄉村俱樂部的舞會，讓他聽他母親那夥朋友中間高雅的女士們的奉承。他一想到這些就不寒而慄。

戰壕裡的氣味、士兵們的粗俗言談、巴黎的公開賣淫，同這裡形成生動的對比。橡樹園似乎是一個死氣沉沉和枯燥乏味的地方，表面上嬌嫩欲滴，實際上十分無聊。

然而，家鄉橡樹園中讓他忍受不了的，還有自己的母親。

「現在我的母親是不會理解我的，比從前更不能理解我。她一定又要我去當醫生、律師或者別的什麼的。她一直認為作家的生涯沒有致富的希望。到時候她免不了又要爭辯、哭啼和抗爭，但是我一定要過我自己的生活。每一個人都必須過自己的生活。」

他實在不想回到這個死氣沉沉、枯燥乏味、無聊透頂的地方，可他又非回去不可。

到芝加哥火車站來接海明威的是父親愛德和姐姐瑪塞琳。

橡樹園的父老鄉親早已望眼欲穿，整個小鎮到處彩旗招展，大道的路口都用鮮花和樹枝紮起了凱旋門，這象徵著英雄成功歸來的大門讓大家都很興奮。大街上拉起了醒目的歡迎英雄歸來的橫幅，到處是一片節日的氣氛。

他們早早就為英雄的到來忙得不亦樂乎。

海明威在歡迎會上穿一身藍軍裝，走路昂首挺胸，顯得特別高大。換上假膝蓋骨的那只跛腿在手裡那根文明棍的支撐下顯得別有風度。

海明威因負傷獲得一筆保險金，他可以安閒地待在家裡，一年不需工作。剛回來時他情緒高昂，仍為往日紛飛的戰火和友情激動。

2 月 19 日，在芝加哥的一些義大利社團成員，為了表達他們對海明威的感激之情，在海明威家裡為他籌備了一次聚會。

在會上，海明威用義大利語作了演講，大家舉杯相贊。愛德勉為其難地參加了這次歡慶活動，他為兒子的功績自豪，因為兒子確實是好樣的。但是，他同時也在為兒子在家裡酗酒感到惱火。

3 月 24 日，母校邀請海明威去為母校的學生們講話。這是推辭不得的，他去了。

海明威身穿制服，帶著一支繳獲的奧地利手槍和一副防毒面具，還有一條滿是彈痕和血汙的褲子。

「同學們，你們好！」僅僅這一句話就引來雷鳴般的掌聲。這掌聲使他更加振奮，他義無反顧地說了下去:「兩年前，我和你們一樣，是這個學校的一員。可是戰爭改變了我。」

說著，他揮動那條血褲，大談戰爭的恐怖，講述了他作戰的英勇，如何從真空地帶搶救出那名義大利傷員，如何與義軍步兵並肩作戰，如何獲得了那 3 枚軍功章。

當然，他沒忘了提及身上 200 多個大大小小的傷疤，沒忘了告訴大家，那條褲子就是被敵人的彈片炸碎的。

話裡有渲染，也有誇張，但主要是事實。講話被一陣陣熱烈的掌聲打斷。

最後他說:「這是我第一次講話。我希望，這也是我的最後一次。」

話音剛落，臺下掌聲如雷。

但是，海明威自己明白，他沒有說出戰爭本身的那種悽慘、可怕、痛苦和無益。他以某種厭惡的心理把那條褲子獻給了母校作為一件展覽品。

天知道，那是用他的鮮血染紅的褲子，是件珍品！

艱苦歲月

每個人都不是一座孤島，一個人必須是這世界上最堅固的島嶼，然後才能成為大陸的一部分。

—— 海明威

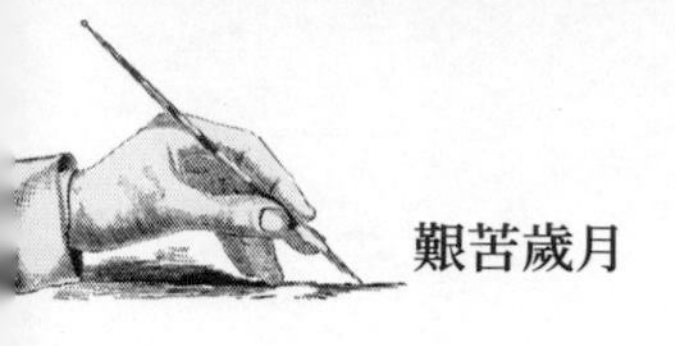

一段痛苦的歲月

歲月匆匆，時間無情。昨日的英雄在今天就已經成了過時的人物，被人拋之腦後。

當戰火的硝煙散去，這些凱旋回來的軍人們不久就發現，當他們脫下軍裝，把勛章交給母親或情人後，他們也就被遺忘了。他們不得不重操舊業，他們依然是為衣食奔波的凡人，沒有政府頒發的職稱證書，也沒有退伍軍人的住房憑證，更沒有退役年金和津貼。

參戰以前國家宣傳的拯救世界和平，現在看來成了一句空話。他們只是凡人，雖然經過新聞媒體的一番炒作，讓他們光榮了一陣，讓他們的虛榮心得到了小小的滿足。但是當燈光遠去，光環不再，他們依舊跌落凡間，為了生活而勞碌奔波。而且，更加讓他們壓抑的事情是，他們之中的某些戰友還在戰場上負了傷，成了殘疾。這些，讓他們回歸城市後，尋找工作變得更加困難。

這些軍人中有大量的學生，這些學生想要補上在前線給耽誤的課程，但是令他們寒心的是，所有的大學皆不給予任何形式的經濟補助。

海明威也一樣，既沒有學校發放的貸款，也沒有學校的救助金，除了因為負傷而獲得一筆保險金，他一點積蓄都沒有剩下。而且，更加讓海明威羞於啟齒和一直設法迴避的是，他成為殘疾以及如何成為殘疾這一個不公的事實。

海明威負傷的時候是一個非戰鬥人員，戰前的工作又在給士兵們分發巧克力糖，就此而言，這次負傷充其量不過是一次事故。

為了彌補自己從戰爭中不光彩地撤下來的一面，戰後，海明威編造了一些謊言，吹噓他在戰場上作出的貢獻。在一篇美國新聞採訪中，海明威聲稱他留在前線一直到停戰，並且同敵軍展開了殊死的搏鬥，戰傷就是在那個時候留下來的。

在一份美國軍團的登記表上，海明威又故意把自己的身分由榮譽少尉填成義大利第五十四兵團的中尉，但是這種說法有時候又被改成在一個義大利志願敢死隊中服務。

或許是因為這個本身就是一種誇張、舞弊的行為，所以海明威對此十分敏感。在他戰後的談話、演說、信件以及戰爭故事中，海明威反覆提及這些，最後也就成為大家接受的事實。

本來海明威在戰爭中的表現是英勇的，無可挑剔，但他還是不滿足，在虛榮心的促使下，他把自己塑造成一個理想化、神化的英雄。本來義大利政府表彰海明威的是他救護義大利士兵的行為，而不是他作戰如何英勇，但海明威卻把自己的業績誇張地同衝鋒陷陣的敢死隊相提並論。

對於身體本身的殘疾，海明威十分清楚，但他並不以為然，他覺得自己雙手健全，要做什麼事情都可以。

有一次，海明威坐車出去遊玩，車到站的時候他最後一個下車。這時，他聽到火車上的司閘員對司機說：「等一下，這裡還有一個瘸子，他的東西還沒有搬下來。」

這句話猶如利劍，切割著他的心。

海明威回憶道：

> 我從來沒有意識到自己是瘸子，但現在親耳聽別人叫我瘸子，不再是一個正常的健康人。當時，我傷心透了，無論身心還是意識都受到很大的打擊。一路心情壞極了，沒想到自己竟變得人不像人，鬼不像鬼。

心病似乎比肉體還要痛苦，海明威腿上的傷還未癒合，便又動了一次手術，加上退伍後的失意，海明威感到寂寞、壓抑，甚至窒息，似乎雖生猶死。

海明威和母親的關係越來越糟糕，他的痛苦是雙重的。首先是他覺得自己有罪，是個不孝子，他喚不起一般人認為應該有的母子之情。

海明威母子之間沒有理由存在隔閡，因為母親是個做事周到和討人喜歡的婦女，望子成龍，對他關懷備至。然而海明威知道母親全然不理解他。他知道她心裡痛苦，但伸手與她和解他又辦不到。

其次，除自覺有罪之外，他心裡完全明白，他不是在沿他母親為他指明的那條受人尊重的道路努力前進。

他選定的生活道路不符常規，然而是現實的和令人興奮的。對中產階級那一套道德和禮儀的約束，他概不買帳！

為了不讓母親過於傷心，海明威採用了拐彎抹角的方法。他開始對母親撒謊，用一些無傷大雅的善意謊言欺騙她，不讓她知道他實際上做了什麼或正在做什麼。

剛退伍回來，母親問海明威在前線做什麼。

「媽媽，你放心吧，我在醫院服務，那兒的工作既輕鬆又沒有危險。」

海明威又一次對母親說了謊，其實他是因為負傷而進了醫院，雖然他有相當長的一段時間在醫院康復是一個不公的事實。然而，善良的母親卻信以為真，只是母親怎麼都弄不明白，既然兒子是在醫院做一份輕鬆的工作，又怎麼會徹夜失眠呢？

戰爭給了海明威太多的痛苦，除了讓他身體殘疾，行動不便，更強加給他另外一種心靈的折磨，那就是夢魘。

海明威經常失眠，他害怕黑暗，嚴重的失眠症令他痛苦不堪。

從前，海明威很喜歡做一些刺激的事情，彷彿在那種生與死的挑戰中才能迸發出最強烈的勇氣。

但是現在，海明威才真正明白了什麼才是真正的驚駭。沒有經歷過戰爭的人，永遠都不會明白戰爭所帶來的殘酷折磨。

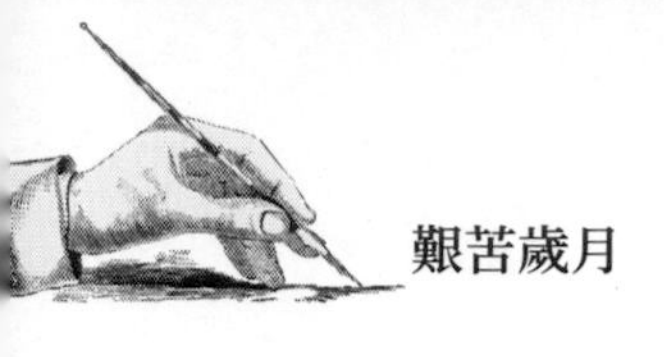

爆炸的砲彈迸射出白熾的火星，把他夢中的黑夜照耀得眼花繚亂。砲彈在空中的尖嘯和落地時的爆響以及傷員臨死前的哀號把他的每個晚上都變成一種苦難。

每到這個時候，海明威只能強迫自己睜開眼睛，守著燈火苦熬到天明。而這一切，母親卻永遠都不會知道。

海明威對於「一戰」的印象和折磨是如此的深刻，以至於他在 1961 年去世前不久還曾說過：「我現在還記得，我對於第一次世界大戰感到十分可怕，嚇得我有 10 年寫不出它。戰爭在你內心造成的創傷，癒合起來是非常緩慢的。」

海明威雖然不到 20 歲，但離家以後的經歷，使他日趨成熟。他再也不想讓自命公正的父母以及家鄉清教徒的道德規範來約束自己了，但回家後仍得尊重並遷就這些。

回鄉最初的快樂興奮過去後，海明威開始沮喪，心情也越來越壞，對什麼都提不起興趣來，對大學，對女孩子，對工作，對寫作，甚至對將來怎麼辦都興味索然。

戰爭曾是他的大學，在那裡他學到許多。但戰爭卻沒有教會他一項謀生技能，反使他和中學時代的朋友們生疏了，他們都已進了大學。

海明威渴望成為一個作家，但他也知道自己尚不能熟練地運用文字以發揮他的寫作才能。

在米蘭醫院時，他寫了幾篇小說，均被報紙雜誌退稿。回到橡樹園後，生活比較安適，卻又顯得沉悶呆滯。

海明威到酒吧喝了酒，又到狂飲酒會上去痛飲，然後又回到酒吧，週而復始，往返不已。海明威還學會了罵人，而且比芝加哥碼頭上的搬運工人還會罵。

海明威開始放縱自己，為了消除腦海中的惡魔，他酗酒，他每天都找各種理由和藉口離開家，偷偷溜到芝加哥的貧民窟去，到那裡的煙霧騰騰外加霉味很重的非法酒店。

海明威喜歡那裡的嘈雜、喧鬧，愛看那些不顧傳統約束的姑娘們的短裝衣飾和獨步舞。在那裡，他親眼看見過開槍對打，看見過手指戴上銅套進行致命的拳擊，也看見過在黑巷子裡被機槍打死的人。

然而，在母親面前，他又是一個彬彬有禮、溫文爾雅的人。他每天都大量地編造著各種各樣的謊言和藉口來欺瞞母親，而當謊言說出來之後，他又沉默不語了。

海明威最討厭和母親在一起用餐。因為這個時候母親頭腦靈活，心情愉快，精神飽滿，老愛指點他應該如何如何。

是的，他應該找個工作。

是的，他不應該這樣懶散下去。

是的，當作家是危險的職業。

是的，是的，是的。

然而，海明威偏偏無意當醫生。他並不尊重受尊重的行業，他要以自己的方式闖出自己的道路，他要寫出偉大的美國小說，也許就是一部戰爭小說。

海明威感到心亂如麻，他被逼得焦慮不安，他要離開，他要離開橡樹園。於是，海明威離開了橡樹園，他回到了之前他們家在沃爾頓湖畔的夏季別墅。

重新振作起來

海明威逃離了差點讓他窒息的橡樹園，來到了密西根州的夏季別墅。整個夏天，他都是在夏季別墅中度過的。

夏季別墅不大，而且還顯得有些簡陋，是用圓木造的。但是那裡環境不錯，有樹林，可以打獵；有大湖，可以垂釣。

海明威的童年就是在這裡度過的，那是他一生中最快樂的日子，那個時候他天天跟隨在父親身邊進行打獵。而現在，他已經能自己獨立進行狩獵了。

夏季別墅寂靜而安定的生活使海明威得到了休息。他疲憊的心靈在這個地方得到了調養。

海明威寫了封辭懇意切的信給布倫貝克，邀他來這裡與他一道共享這種自我流放的生活。

布倫貝克是個忠厚憨直的朋友，又極富同情心。他在收到海明威的信件之後，就在第一時間收拾行李趕來了。

布倫貝克不但陪海明威打獵、釣魚，還和他一起憶舊、談天。他們每日的行程都是即興的，心血來潮就安排了。

布倫貝克耐心地聽海明威傾訴一切，不知不覺地提供了海明威所需的精神治療。漸漸地，就在他們打獵、垂釣、盤腿坐在篝火邊燒烤獵物或鮭魚的過程中，一個新的海明威脫穎而出。

布倫貝克相信海明威能夠靠寫作來養活自己，他也相信這一點。

「那你就抽空寫點東西吧！我敢肯定，有朝一日，《堪薩斯明星報》會重新聘用你的。」布倫貝克對海明威說。

就在這種寂靜安定的自我放逐當中，海明威下了一生從事文學創作的決心。於是，海明威猶豫不決而不無痛苦地寫了起來。

他終於振作起來了。

海明威有點躊躇而又不無痛苦地把他在歐洲看到的景象、產生的感情和體會試寫了下來。一共寫成3個短篇，分別是〈在異邦〉、〈你們絕不會這樣做〉和〈現在我已倒下〉。

家裡人來看他，但是沒有過完夏季又走了。海明威卻在這裡一直住到樹葉變黃，住到冬日的飛雪把這一帶變成一片銀海的時候。

海明威開始經常練習寫作。他每天坐下來一遍又一遍地寫，寫得好的時候就對自己的前途充滿信心，寫得不好的時候又未免有點發悶氣。

後來海明威回憶起這段日子的時候說道：「我每天自我訓練，坐下來一遍又一遍地寫。有時因為寫得不夠好，我就恨自己不中用。我在密西根州的皮托斯基寫了一個秋天和半個

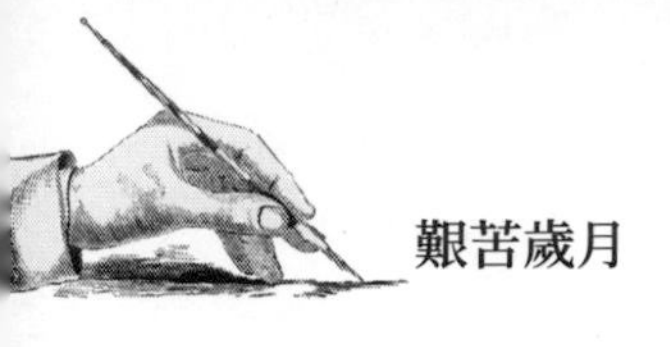

冬季。很使人掃興。我鼓足力氣寫，可就是沒有人要。我的收穫就是一次又一次的退稿。」

每一封退稿信都氣得他臉紅脖子粗。辛辛苦苦的勞動成果得不到承認，他怎能不氣呢？儘管如此，他並沒有認輸，並沒有氣餒，仍鍥而不捨地繼續編織故事。他就不相信沒有被承認的一天。

海明威花了大量的時間去埋頭寫作，可惜，他寫出的卻是一本粗糙的書《義大利人的大道》。

在這個故事裡，主角是一個義大利拳擊手，比賽時用愛爾蘭名字。在一次冠軍賽時，他棄權去義大利前線參加志願敢死隊，在戰鬥中獲勝，但再也不能回到他所熱愛的拳擊生涯中去了。

這實際是海明威的自傳體小說。除了變相地替換了一個國籍和職業，其他與海明威的生活完全無二。

海明威將這篇稿件分別投給了《星期六晚郵報》和《大眾雜誌》。不久之後，《星期六晚郵報》就退回了稿件，而《大眾雜誌》則沒有退稿。

「上帝保佑，讓主編買下它。現在還沒有消息，當然是個好兆頭。但是，有時好兆頭也許是一個大挫折。」

海明威如是乞求道。他的預言言中了，不久，退稿信又來了。海明威初試鋒芒，竟連連碰壁。在一連串的退稿信打擊下，他並不洩氣。海明威深信自己在做準備工作，一旦時機成熟，就能衝倒一切障礙，壓倒全體文壇老將。使他苦悶的是沒有工作和一展文才的地方。不久，機會來了。

在他們家別墅附近另外還有一座夏季別墅，那是雷夫·康納布爾家的。

康納布爾先生是美國伍爾沃斯商號加拿大分號的經理，和海明威的父親是至交。康納布爾夫婦有一個兒子，比海明威小一歲，生來腿就有殘疾。他們想為兒子找一個家庭教師，住在一起。

康納布爾很器重海明威，覺得他在體育方面的經驗和興趣能鼓舞振奮兒子頹廢的心，海明威也跛足，兩人年紀又相仿，兒子必能受這精力充沛的家庭教師的感染而振作。

康納布爾是看著海明威長大的。那個愛玩槍支的小男孩已經長成為受了傷的退伍軍人。這個退伍軍人雄心勃勃，想當個作家。

康納布爾經過了幾天的考慮，打定主意要幫他這位朋友的兒子一把。

有一天，海明威在做魚餌，康納布爾發話了。他是針對頭一天海明威對他講的那席話發話的。康納布爾說：「海明威，你是一個有主見的孩子，我同意你的想法。你應該離開你的母親和家庭，出去試試你的才能。誰知道以後的事呢？

「只要你像現在這樣興致勃勃地寫下去，也許有一天你真會成為一個好作家。這樣吧，你跟我一起去多倫多吧！我在那裡有一所大房子，容你這個大個子絕對沒有問題。

「你可以安心地住在我家，致力於你的文學工作，別人不會打攪你。我只是想透過你的談話和交往來引導小雷夫的生活態度，特別是提高他對體育和人生的樂趣。

「我迫切地希望他在晚上的活動中能有一個好夥伴。我的計劃是，只要你能引導他走上一條正確的人生軌道，你所需要的一切體育和其他費用，我願全部承擔。

「這樣，你既賺得了你自己的生活費用，也就不是白吃白住了。你覺得怎麼樣，海明威？」

海明威瞟了他一眼，只說了一個字「行」，就開始收拾自己的釣魚箱了。

海明威接受了這個工作，並且搬到康納布爾家，這樣他就可繼續從事創作。而且康納布爾包下了他的一切開銷，另外每月還給他 50 美元的零用錢。

海明威是一個知恩圖報的人，他也很用心地教導小雷夫。在海明威的帶動下，小雷夫的精神面貌很快就有了改觀，漸漸參與了一些體育活動。

重新振作起來的海明威終於有機會可以毫無後顧之憂地從事自己喜愛的創作了。他一次又一次錘煉自己的文筆，等待一個爆發的時機。

成為特寫作家

今天，海明威那著名的文字風格已經被公認為一個「創作流派」，其特點就是驚人的明快、淳樸和直率。它真摯、粗擴、果斷，具有長話短說一針見血之功。

海明威堅定不移地描寫情緒、行動、人物和災難，作品裡很少或者根本沒有愛情成分，沒有感傷，好比是用手紙糊成給情人的贈禮。他筆下死比生更現實，也更真實。

正是這一段時間毫無後顧之憂的寫作生涯，才使海明威的才智重新發揮作用，使他那恍惚的神情穩定下來，並且給了他練習寫作的清靜環境和自我訓練的機會。

2 月分的時候，康納布爾回到多倫多，他沒有食言，為海明威介紹了他在《多倫多明星週刊》的一些朋友。

這些朋友中有一個是特寫版編輯克拉克，他一開始不太喜歡海明威，認為他太年輕，不夠成熟。

當海明威談及他的軍旅生涯和從事新聞工作的經驗時，克拉克臉上浮現一絲懷疑的微笑。

海明威覺察到這一點，馬上拿出自己的勛章和他初當記者時寫出的頗有價值的文章。在這有力的證據前，克拉克馬上承認了他。那年冬天，他們在一起釣魚、滑冰，後來成為好友。

同克拉克一樣，主編克蘭斯頓也沒有看出海明威有什麼特別有才的地方，只不過是礙於推薦人的顏面，讓他給週末

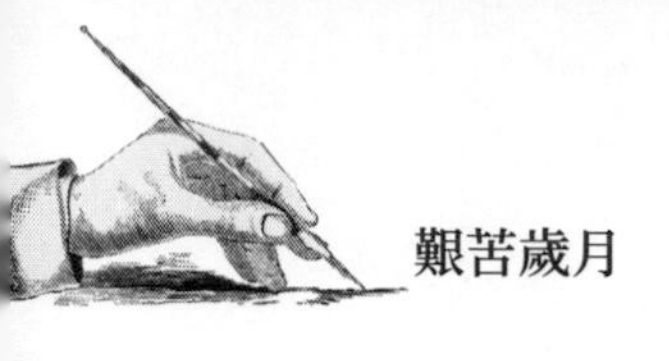

娛樂板塊寫一些通俗小說，每篇稿酬最高只有 10 美元。

但是克蘭斯頓主編很快就發現了自己錯得很離譜，並且深深地喜歡上了這個年輕的年輕人。

海明威的文章風格奇異、清新，富於譏諷意味和戲劇情節，還具有一種震懾讀者的力量，這讓克蘭斯頓主編十分讚賞。

克蘭斯頓主編能夠給予新來的這位特寫作家最大的幫助就是不予幫助，只是給他充足的時間，讓他多參加實踐，在工作中得到發展。只要海明威每星期能交出兩三篇帶有加拿大色彩的故事，他就心滿意足了。

當上了特寫作家的海明威如魚得水，日子過得十分逍遙。作為特寫作家，他的職責與做《堪薩斯明星報》見習記者有所不同。他可以自己選擇題材，憑藉想像力充分發揮，加進一些適合於主題的幽默或悲愴，而無須寫出什麼真實的報導。

雖然每篇故事稿酬不多，只能賺到 5 至 10 個美元，但是海明威卻樂在其中，感到英雄有了用武之地。只要能聽到自己的打字機徹夜不停地響，他心裡就感到高興。

海明威的第一篇正式署名的故事，是他在多倫多一所新成立的理髮技術學校的見聞記。

從這篇敘述看來，海明威第一個做試驗品。他出門，路過一個學校，看了看校門口的牌子 —— 多倫多理髮職業技術學校。

海明威心想，正好頭髮該理了，於是他信步走了進去，在一個學徒面前坐下。

「敢幫我理頭髮嗎？」他問。

「怎麼不敢？」

海明威冒險把脖子伸到剃刀的利刃之下，讓一個學徒練手藝。

他一步一步地寫下去，悲哀的語調變得凶險可怕。

給他理髮的竟然是一個學徒，海明威心中隱隱地有點擔心，他越是擔心害怕，就越容易出事，不是這里拉一道傷口，就是那裡出一個血疤。不一會工夫，海明威頭上便傷痕纍纍。

而在這篇故事的開頭，海明威就這樣寫道：「免費者和勇敢者的真正樂園就是這所理髮技術學校。這裡一切全都免費。不過你必須勇敢，因為到這個學校去，要求一個人具有那種眼睜睜走向死亡的真正的沉著和勇敢。」

就在這同一個地方，海明威還注意到，一個人只出兩塊錢，就能讓他們為他拔去 25 顆牙齒，只要他還有那麼多牙齒可拔。

海明威倖免了這種屈辱之死之後，接下來發表的特寫是 6 篇捕魚故事。當然，他不是描寫捕魚的樂趣，他在這些作品裡都是站在鮭魚一邊嘲諷捕魚者的愚蠢。

隨著時間的推移，海明威採訪了各式各樣的人物，有政治家、將軍、知名女性、普通人，採訪了所有那些有事可報導的人。

但是海明威從不僅僅滿足於聽到的話語，要等到他覺得有責任用這些話語繪出一幅圖畫時才會滿意。

克蘭斯頓主編談到這位年輕的特寫作家時說：「海明威是個天生的短篇小說家。他什麼事情都肯做，只要這事真正帶有刺激性。他什麼東西都敢吃，包括蚯蚓等，還有世界上野蠻部落愛吃的佳餚，為的就是嘗嘗味道。」

如果想要了解海明威的為人，就要了解作為作家的海明威，因為他的世界都包含在他的書裡。他筆下的人物都是真實的，有的和他打過架，有的和他醉過酒。

海明威筆下的人物都是活生生的，他們或者是殺人犯，或者是詐騙犯，或者是妓女和隨軍謀生者，讀者在閱讀海明威的作品時，都要先懂得他們的心理動機，這些動機都是原始的、野蠻的、刺激的，也是最直入心扉的。

「他像雪貂一樣英俊，生就一雙好看的手。那副神情就像一個賽馬師，只是身體稍顯超重了一點。」

乍看這一段文字，或許海明威在描寫一位年輕帥氣的年輕人，但其實這篇文章揭露的是多倫多的一個大詐騙犯。海明威用十分準確的筆觸描繪了這個壞蛋，字裡行間還透露出一種不偏不倚的喜愛。海明威的文章節奏輕快、簡潔，而這些在這一時期就已經隱隱地表現出來了。他在寫〈殺人犯〉中用了類似的語言來描寫那兩個持槍的歹徒。

「出來吧，埃勒。」邁克斯說。

「這兩個小機靈和黑人怎麼辦？」

「沒問題。」

「你能肯定嗎？」

「肯定。我們下手吧！」

「我不喜歡這樣」，埃勒說，「太粗心了，你太多話了。」

「啊，有啥了不起的？」邁克斯說，「尋尋開心嘛！」

「不管怎麼樣，你太多話了。」埃勒說著，從廚房裡出來。那支鋸短了的滑膛槍塞在腰帶裡，在緊綳綳的大衣底下微微鼓了出來。他用戴手套的雙手把上衣扯平。

這是從原文中截取了他們的一小段對話，從中可以了解到海明威簡明的結構和他那電報文式的對話特色。因為在海明威看來，寫作就像獵獅一樣，射這一隻時就想到還要射下一隻。

1920 年秋，海明威離開了多倫多，回到芝加哥。然而誰也沒有想到，在芝加哥，又會發生一件對海明威影響重大的事情。

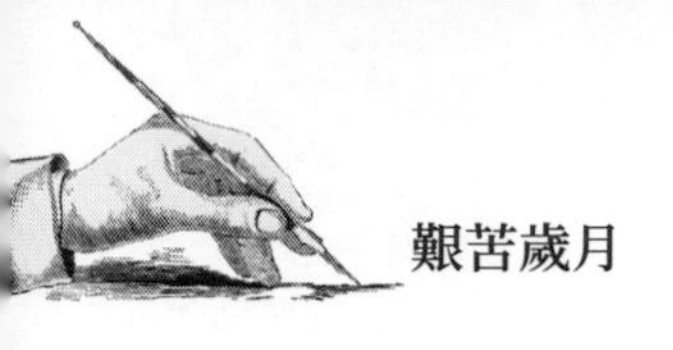

被父母趕出家門

海明威是一個多重性格的傳奇人物。他的性格太過複雜，這個已經上過戰場，負過傷，和阿格尼絲有過一段風流韻事以及在報社工作取得一定成績的年輕人，卻依舊像一個小孩子一般。

海明威喜歡釣魚，每每她母親喊他吃飯的時候，他總是堅持要釣到一條大魚才肯走，而且還要讓人都認為這條魚是他特地釣上來的。

海明威的母親本來就患有週期性神經分裂症，海明威的幼稚行為讓她的思想更加敏感，一有風吹草動就會緊張上半天。

海明威又是一個性格極度叛逆的青年，不喜歡橡樹園中各種清規的約束。於是，他和母親之間的矛盾不斷地積壓，再積壓，終於有一天，兩者爆發了衝突。

海明威與母親之間的衝突醞釀已久，無可避免。這不僅是海明威與父母矛盾的激化，也是他叛逆行為與橡樹園宗教傳統的一次交鋒。

一個家庭中，父母與孩子之間的關係大都是和諧相處。但是海明威卻同時與父母都有著激烈的矛盾。

客觀地說，海明威與父親的關係還是不錯的，雖然父親表面上看上去很凶，但是因為小時候母親對他強制性的要求太多，所以使得海明威的內心自然而然地偏向於父親。

但是當海明威長大以後，他和父親之間的衝突也就隱隱地表現了出來，而這其中最主要的一個矛盾，就是海明威的行為很孩子氣，從來都沒有家庭觀念，也不管家裡的事情。

在海明威上中學的時候，父親在夏季別墅附近購買了一處農場，放暑假的時候，海明威就在父親的農場裡面幫忙工作。

父親希望兒子能夠多在農場裡工作，但是海明威每日割草、收馬鈴薯和豆子，工作時間很長。而同樣酷愛漁獵的海明威對這些家庭雜務頗感厭煩，這是他與父親產生摩擦的原因之一。

父親不僅把漁獵本領傳授給兒子，還要向兒子灌輸清教徒的道德規範，這是海明威最反感的。尤其是自己成人之後，父親仍像教小孩似的指指點點，更使他難以接受。

另外，海明威從歐洲回來後，愛德要兒子割去扁桃腺，這是海明威童年的舊傷。

父親請自己醫學院的好友為兒子做手術，手術相當成功。但海明威卻對此抱怨不已，因為在動手術的時候沒上麻藥，讓他受了不少罪。雖然手術不是父親做的，他卻把怨氣發洩在父親身上。

由於海明威對父親的敵對情緒，使父親在家庭衝突中自然偏向格雷絲，而指責他的不是。

說起海明威和母親的衝突，那是由來已久的，從童年時期的家庭培養中就已經展露出來這種矛盾。

母親為這個叛逆的兒子傷透了心，她對孩子的一片苦心海明威卻一點都不理解，反而是處處碰壁，時時傷心。

母親教兒子學音樂，兒子卻拉斷大提琴弦以示抗議，並在不久之後就放棄了學琴。她想把兒子培養成斯文知禮的紳士，兒子卻迷上了拳擊，並經常弄得遍體鱗傷。

母親一直為兒子的婚事操心，她一直希望兒子能有一個幸福美好的小家庭，因此不斷地把溫柔賢淑的女孩子介紹給兒子，誰知道被兒子要與女演員訂婚的消息嚇得半死。

母親希望兒子能夠上大學，可是他卻一心要上戰場，差一點沒把母親給氣死。

好不容易兒子退伍歸來，格雷絲舊話重提，讓兒子讀名牌大學，可說什麼海明威也是不去。他根本靜不下心來讀書，在他有過如此豐富的經歷後，正統教育對他來說已屬多餘。

按照海明威的說法，母親因為童年時期外祖父的早逝而缺乏教養，成年時又不恰當地放棄了她的音樂生涯，所以形成了她暴躁的脾氣。

海明威認為母親在音樂上取得的一定成就有虛假成分，說格雷絲不注重品德修養，為人又冷酷無情。父母的吵架使他心煩，而爭吵的結果是愛德屈從格雷絲。

母親患病住院期間，是海明威在橡樹園最愉快的一段時光。因為這時候，孩子們都擺脫了她的管教約束，他們也從未去探視這位「母老虎」。

海明威所作出的這些說明，乍聽起來似乎合情合理，其實不然，不管是哪點都站不住腳。

外祖父死的時候，格雷絲已是 23 歲的成年人。再者，格雷絲患的是傳染病，父親是怕孩子們傳染而不讓他們去醫院探視。後來，海明威又杜撰了另外一個說法，說是男性味十足的格雷絲懾服了她那怯懦的丈夫，並促成了他的自我毀滅。

海明威寫《大夫和大夫的妻子》的時候，格雷絲被描繪成偽善、專橫而又遲鈍的女人。

另一本小說《我把我自己打翻在地》中，格雷絲燒毀了丈夫珍藏的石斧和印第安箭頭。而實際上這些都是他杜撰出來的故事，愛德自殺前始終保存著他的收藏品。

1951 年，母親去世後，海明威內疚地回憶起有關他母親的美好往事。像大多數為人之子一樣，他既尊敬自己的雙親，但也對他們的主要缺點認識得極為敏銳深刻：格雷絲自私成性，愛德固執己見。

一眨眼，海明威到了 21 歲生日，這個時候父親在橡樹園的家中，而其他家庭成員則都在夏季別墅中。海明威的好友布倫伯克也趕來慶祝。

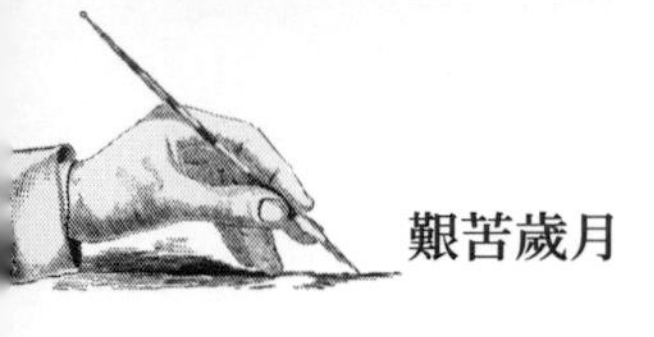

為了讓自己的 21 歲生日過得更加有意義一些，海明威向母親請求，允許他到一條從舊金山開往橫濱的輪船上當司爐。

布倫伯克也在一旁幫腔，說得天花亂墜，說這次旅行會給海明威提供不可估量的好素材。但是不管他們怎麼說，格雷絲就是反對，她要海明威上大學，結果宴會不歡而散。

種種矛盾交織在一起，就好比第一次世界大戰時期的歐洲濃雲密布的那個火藥桶一般，只要一個小小的火星，就能夠將它徹底的引爆。

幾天之後，一件小事終於觸發了積蓄已久的矛盾。

那天，海明威的妹妹和鄰家的女孩要在半夜舉辦一場野餐會，厄休拉和鄰家女孩當天下午就把遊艇駕到岸邊裝上食物和必需品。

她們邀請海明威和布倫伯克一起參加，好保護她們的安全。當然，這個計劃是女孩們私下進行的，事先並沒有得到各自父母的許可。

晚上的時候，大家還是像平常一樣在家中睡覺，到了半夜，他們就偷偷地溜了出來，生起營火。

布倫伯克負責彈琴，其他的人唱歌，一邊吃東西，一邊談笑，在湖水邊淺水處洗澡游泳。

快到凌晨 3 時的時候，她們才熄滅營火，划著小船。在湖上他們看見有人提著燈籠尋找他們。

原來鄰家女孩的母親半夜起來發生女孩的床上空蕩蕩的，女僕哭泣地把這件事情告訴了主人，她跑到海明威家裡大吵大鬧，說他勾引女孩。

當海明威一行人回來的時候，兩個男孩被鄰家女主人當場責罵了一頓，因為他兩個年紀比女孩們要大。

格雷絲被這件事情氣得暈死，她把海明威劈頭蓋臉地罵了個狗血淋頭，斥責了他這三年來所犯下的種種「罪過」，包括不敬、懶惰、享受、寄生、嬉戲、自私、腐化、反對宗教等。

「除非你改邪歸正，不再游手好閒、依賴別人、揮霍錢財、追求享受，不再油頭粉面、勾引和玩弄無知少女，不再忘記對上帝和你的救世主應盡的職責。否則，只有徹底墮落這一條路。只有你學好了，不再讓媽丟臉了，才能再進家門。」

盛怒之下的母親認為海明威繼續這樣下去的話，前途一片黑暗，遲早也要墮入地獄。她要把他解救出來，盛怒之下將他逐出了家門。

海明威的父親雖然遠在橡樹園，但是對於夏季別墅中的家庭矛盾他還是十分關注的。知道了海明威被母親逐出家門的消息之後，父親所持的態度是支持。

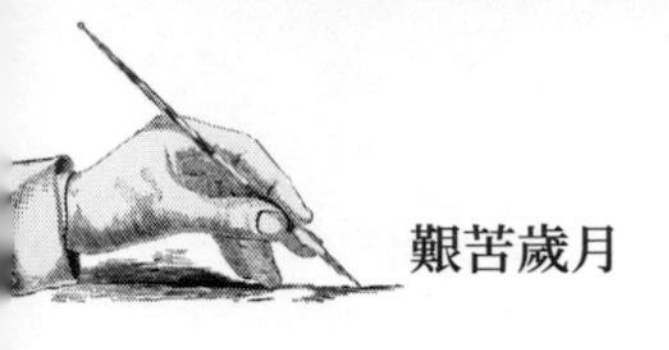

父親的理由是海明威不能再游手好閒，等他找到了工作，變得懂事之後，他會親自把孩子接回來。但是在這之前，海明威必須要先離開夏季別墅的家。

在海明威的父母心中，這個兒子一直都是他們家族的恥辱，他是唯一沒有上過大學、唯一沒有正經工作、唯一公開飲酒，又書寫內容猥褻不堪入目的書，唯一改變宗教信仰、企圖叛逆橡樹園傳統的人。

海明威有膽量面對戰場上的槍林彈雨，卻沒有勇氣應付母親的責難。他尊敬父母，卻因與他們的思想格格不入而痛苦。

無奈之下，海明威只能痛楚地離開了密西根州的夏季別墅，遠離了那個承載著太多快樂回憶的「聖地」，回到了芝加哥，開始了脫離家庭後完全獨立的生活。

遭受資本家矇蔽

海明威被父母驅逐出了密西根州的夏季別墅，不得不一個人獨自生活。他重新回到了芝加哥，但是卻無家可歸，他回不去橡樹園。這是海明威一生中最為窮困潦倒的一段時間。

海明威不可能乞求家裡人再給他生活費，就和幾個志同道合而且處境相同的朋友一起寄居在供膳宿舍或經濟公寓中。

海明威成了廉價餐館的常客。他們的日子過得很拮据，但是很開心。有一點閒錢的時候，大家就一起去低檔飯店大吃一頓，沒有錢時只好餓一頓。

海明威常常去體育館看各種拳擊比賽或者練拳擊。這個喜歡運動的年輕人不管在什麼樣的險惡環境中，還是沒有丟棄自己的秉性。

海明威是一個適應能力極強的人，不管在什麼樣的環境中他都能夠快速地適應。他與一些所謂的拯救世界和平的過時明星們一起喝酒打牌，也和那些社會閒雜人員交友。

海明威待人和氣，精明能幹，他對什麼都感興趣，尤其喜歡結交各種各樣的女孩子，但是他從不動真情。對於海明威來說，談戀愛能夠更好地激發他的創作靈感，以便以後更好地寫好她們。

就這樣，海明威有一頓沒一頓地過著十分艱苦的日子，幾星期過去了，幾個月過去了，日子一天比一天難過。

儘管生活如此艱難，海明威對寫作的熱情依然不減。這種日子雖然艱苦，但是有驚險，有刺激，有臭味，有友情，有危險，有熱情，海明威覺得這種日子十分有意義。

海明威整日坐在打字機前打稿，廢紙簍裡塞滿了揉皺的稿紙。《多倫多明星週刊》雖然也刊登了他的幾篇文章，但是他真正喜歡和用心創作的文章，卻總是附了正式退稿信被退回來。

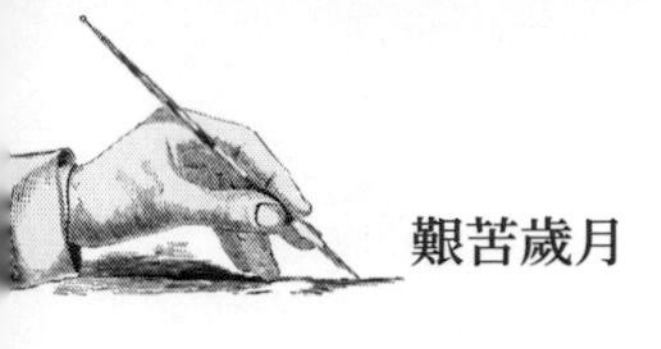

海明威陷入了巨大的經濟危機，迫不得已之下，他只能重操舊業，當上了《芝加哥論壇報》犯罪案件記者。這是一份在從前的海明威看來十分刺激，而現在看來萬分無趣的工作。

描寫對象無非是因窮困跳樓自殺的母親，酗酒駕車造成的事故以及密西根湖上身分不明的浮屍，等等。

一天早上，海明威在喝一杯重新燒熱的咖啡時，順手拿起《芝加哥論壇報》，瀏覽上面的應徵廣告，引起他注意的是上面刊登的一條關於聘請編輯的訊息。

海明威的心頭一亮，他吐去了口中的咖啡殘渣，用廉價酒漱了漱口，大步走到影印機旁，影印了一封申請簡歷。

他的申請書很快就有了結果，對方要求他去會見經理。

經理哈里森·派克是一個 40 歲上下的中年人。他是一個非常狡詐的人，總盤算著怎麼樣用自己和別人的錢來謀利，他無時無刻不在讓自己的那顆奸詐的心發揮作用並且讓夥計們時運亨通。

海明威來到經理辦公室的時候，哈里森正忙得不可開交，他的辦公桌前擺放著一瓶威士忌酒，雙手在打字機前敲得「劈啪」作響。

經理哈里森·派克是芝加哥的一個廣告商，他有很多技能，攬的事情也很多。當時他是一份商號刊物《合作聯邦》的發行人，又是暴利競爭、基金籌集計劃、不動產以及一些類似活動的老手。

哈里森先生的營業主要是函洽方式，所以他充分利用了美國的郵政之便。他的商號所以定名為「美國合作會社」，是要取其與歷史悠久、信譽可靠的「美國合作聯盟」相似之處，混淆視聽，迷惑不知內情的讀者。

看見海明威過來了，哈里森經理開門見山地說道：「年輕人，如果你願意的話，明天開始你就可以在這裡上班。你的工作內容是幫我處理信件往來，為刊物寫一些富有人情味的小說和社評。鑒於你剛過來，每個星期我會支付你 40 美元的薪水。如果幹得出色的話，可以考慮給你加到 50 美元的週薪，怎麼樣？」

按照當時美國的生活水準，50 美元一星期，這個薪水可不算低了。而對於當時的海明威來說，別說是 50 美元，他連 5 個美元都拿不出來，又哪裡會拒絕這樣的「美差」呢？！

處理信件，這有什麼困難的，那是只要有雙手就能搞定的事情。至於寫文章，海明威不正是以寫文章為生的嗎？

所以，已經陷入經濟危機的海明威想都沒有想就一口答應了下來。然而，海明威萬萬沒有想到，這家所謂冠冕堂皇的「美國合作會社」，全部的員工就只有兩個人，經理和他。

在哈里森策劃下，這個合作會社向樂於做合作會社社員的人出售不動產證明書，這些人要受自行組成的兩人委員會的管轄，而且這個委員會索取很高的工作報酬。

他們賦予自己一種權利，可以不徵得社員同意而變賣或典押他們的土地，倘若造成損失或發生舞弊行為也不負賠償之責。

海明威在合作社的工作是每星期為商號的雜誌寫五六十頁的文章，這很容易，所以他還有時間認真寫自己的東西。

海明威在那個合作會社工作了一個時期之後，便看準它的經營是不正當的。不過他又幹了一段時間，心裡想，我可以寫出來，揭露它，摧毀它，取得經驗，然後再叫它見鬼去。

然而，還沒有等到海明威實施自己的計劃，這個合作社就宣告破產了。

1922 年，芝加哥的美國地方法院檢察官宣布，該會負債 1,500 萬元，而它的總資產卻只有 5 萬元。

海明威的腦袋不被砍下來差不多算是奇蹟了，但是頭腦清醒的美國地方法院明白，他是一個年輕的作家，每星期賺 50 元微薄的薪水，原是受了矇蔽而來工作的，對於全盤勾當沒有罪責。

海明威又一次失業了。他和好朋友霍恩在北州街 1230 號的一個房間裡過單身漢生活。

這一次，他們真的到了山窮水盡的地步了。

然而，冥冥之中就像是有一顆幸運星在守護著海明威一般，就在海明威的生活走進死巷子的時候，一個偶然的機會，他認識了史密斯先生，這位恩人幫助了他。

史密斯先生是荷頓灣最古老的一個家族領袖，同時他也是一個熱心腸的人。知道了兩個年輕年輕人的窘境之後，史密斯先生為這兩個年輕人提供了一幢很大的舊公寓，坐落在東芝加哥街 100 號。

這所公寓除了地方寬敞這樣一個可貴的條件外，這裡還住著幾個有志當作家的人，他們平常的談話有相互激勵的作用，也頗幽默，苦心孤詣溢於言表。每逢有人賣出了稿子時候，大家都有啤酒喝。

然而絕大多數情況都和海明威相差無幾，有一位青年作家一連幾週接到的都是退稿信，他乾脆用這些退稿信糊了廁所的牆壁。

也就是在這裡，海明威第一次遇見小說家兼劇作家舍伍德．安德森。後來他在巴黎為海明威打通不少門路。

海明威與那些組織文學志士座談會的人並不合群。一個人不能透過討論去練習寫作，正像不開槍打靶並不會射擊一樣。因此，別人在探討理論的時候，他總坐在自己的打字機前打字。他的紙簍裡常常堆滿了揉皺的稿子，他那憤怒的腳步聲往往下面的房間都能聽見。

打字機響個不停，紙簍已經盛不下他不要了的稿子。退稿信通常就像秋天或潮濕悶熱的夏日街上的落葉，或者像街頭女人無聊的閒談那樣無盡無休。

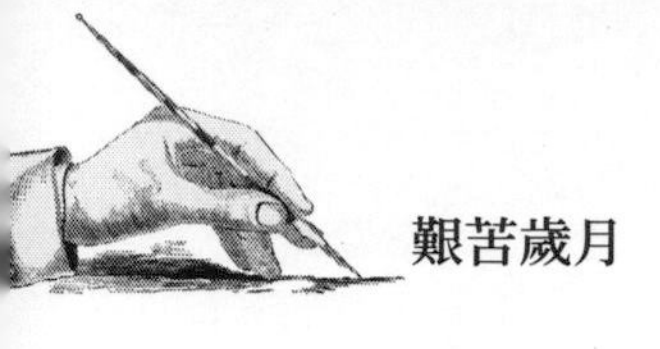

這幢公寓的大廳是多用途的：既是會議室又是約會處，既是討論室又是安定思緒的地方。住在公寓裡的文人雅士們都集中在這裡看他們的好消息或退稿信。

終於有一天，海明威懷著誠惶誠恐的心情撕開了交給他的一封信，然後又激動地宣布了信的內容。

「哈！哈！哈！我的稿件被接受了，被接受了！夥計們，為我歡呼吧！」原來，他的小說第一次被新奧爾良的一家叫《兩面派》的小雜誌接受了。

一個穿破鞋的瘦削的年輕人最先向他祝賀。他帶著一份敬佩甚至虔誠向成功者取經：「海明威，你能告訴我你寫小說是怎樣構思的嗎？」

「你問這個麼？」海明威把信塞到口袋裡，說道：「不是在寫字桌上想出來的，我常到體育館裡看拳擊。我到體育館裡去和拳擊手一起研究。我在那兒竭力和他們打成一片。你該看看我在那兒的模樣。我甚至和那兒的氣味打成一片。我從體育館回來便寫下來在那兒的全部感受。我必須看到、感到、聞到才行。」

他太開心了！這個消息來得太及時了，讓深受挫折的海明威有一種撥開雲霧看到日出的感覺。海明威突然之間有了一種成功的喜悅，這次的投稿成功也更加堅定了他繼續創作的決心。他相信，只要自己的堅持，一定會有一個輝煌的前程。

有情人終成眷屬

用時來運轉來形容海明威現在的生活再恰當不過了。史密斯先生就像是海明威生命中的貴人一般，自從他出現之後，海明威的命運一下子就好了起來。

在這所公寓中，海明威積極地創作，從第一篇稿件被接受之後，海明威之後的稿件也頻頻被各家雜誌社接受，海明威的生活開始得到了一定程度的改善。

從根本上說，史密斯這所公寓是很不錯的，因為這裡雖有許多不同類型的人，但是大家都以寫作作為共同的立足點。

這些人或合法或非法地結成配偶，其中有一位愁眉不展的姑娘患有精神病和結核病，寧肯切開自己手腕上的脈管自殺也不願承認自己懷了孕。

來訪的人也都是一些學藝術的人，比如畫家和雕刻家之類。當然，魚龍混雜的地方，騙子也是少不了存在一些的。

1920 年 11 月初，東芝加哥 100 號的公寓中，又住進來了一位客人，是一位很受人矚目的小姐。她叫哈德莉．理查森，她是基特．史密斯邀請的一位朋友，從聖路易斯到這裡來小住的。

哈德莉的到來猶如一陣和煦的春風使整個公寓為之一振。這不全因為她那飄柔的金黃色長髮，不全因為她那傳情的雙

眼，不全因為她那苗條的身材以及充滿活力的輕快的腳步聲。

是的，不全因為這些。應該承認，她的確是個姿容出眾、聰明伶俐的少女，她活潑可愛。但她的引人注目，還在於她的氣質和才華。

只要她在公寓裡，人們就能聽到她房間裡傳出輕快的歌聲和美妙的樂曲聲。她的鋼琴彈得相當出色。

她之所以從聖路易斯來到芝加哥，就是希望能在這裡成就一番大事業。因為這裡是美國著名的音樂城之一。

哈德莉比海明威年長 8 歲。她聰明伶俐，姿容嫵媚，意志堅定，自信心強。她有才智，也有氣質。

哈德莉的出現，意外進入了海明威那種雖有計劃但仍忙亂的生活之中。海明威對她一見鍾情，他說：「這正是我心中要娶的姑娘。」

海明威為之傾倒。

海明威傾倒於哈德莉的美貌，傾倒於她的氣質，傾倒於她的才華。這是他第一次對異性動真感情。他心甘情願地拜倒在她的石榴裙下。

和海明威一樣，哈德莉也出身於中西部的中上等家庭，但她的童年卻相當不幸。任何人都會深深感到哈德莉和海明威的母親之間的相似之處。

哈德莉家在聖路易斯州，父親是一個商人，經營家庭製藥企業。哈德莉是家中最小的女孩。

小時候，哈德莉意外從窗臺上摔下來，背部受到重傷，她的身體一直不太好，從小就被視為病人而被撫養長大。她成年前的生活完全是母親一手安排的。

哈德莉 12 歲時，她父親因生意失敗而自殺。18 歲時哈德莉隨母親旅歐。她母親對神學和各種心靈現象感興趣，為哈德莉選購衣物時卻總是從實用觀點出發，從不考慮款式是否新穎，只講究是否經濟實惠。

哈德莉愛好音樂，是很有才華的鋼琴手，曾在聖路易斯開過音樂會，後來因體弱多病而放棄了她的音樂生涯。這些經歷與海明威母親很相似。

1920 年秋，哈德莉的母親患病去世，給她留下一筆每年可收入 3,000 美元的遺產。母親去世後，無依無靠的哈德莉不得不獨自養病，獨立生活。剛好她有同學在芝加哥生活，所以她也來到了芝加哥。

海明威傾倒在了哈德莉的石榴裙下，哈德莉也同樣鍾情於他。

海明威家庭出身不錯，父親醫術高明，在當地德高望重，母親頗有藝術修養，家道也十分富裕，但他不依靠他們。

哈德莉為海明威活躍的熱情所傾倒。他儀表堂堂，熟練拳擊和釣魚，致力於寫作事業，還有他在戰爭中的英勇業

績。當然，最吸引哈德莉的莫過於海明威那粗獷而富有力量的作風；而且他這個人很能適應環境，無論在高級餐館還是在海濱的下等酒吧間他都能同樣自得其樂。

而且兩人的家庭背景也比較相似，他們都出身於中等家庭，可謂是門當戶對，而且對藝術都懷有濃厚興趣。雖然海明威在日常生活中對她照顧不周，但哈德莉仍感到他比別人更溫存慰藉，更體貼人。

海明威很尊重哈德莉，從不把她當病人看待。為了恢復她的自信心，海明威做了很多工作，一直小心翼翼地呵護著她，帶她參加一些戶外運動。

「親愛的，你知道嗎？你可真是上帝賜給我的寶貝呀！看看，你滑冰的時候樣子是多麼的可愛，你真是一個運動的好能手呀！」

海明威試圖把哈德莉從一直在別人保護下過生活的狀態中拉出來，不斷地用甜言蜜語稱讚她。在海明威潛移默化的感染下，也讓哈德莉的形象發生了很大的變化。

有一次，海明威徒步旅行，艱難地越過聖伯納德山口時，哈德莉能堅強地忍受各種痛苦，與從前弱不禁風的大家閨秀相比，簡直判若兩人。

自從生活中有了哈德莉之後，海明威覺得自己一下子長大了，從前和父母之間的矛盾，這個時候他也放下了。

母親對於哈德莉十分滿意，這個經歷與她有幾分相似的女孩子一下子就得到了格雷絲的認可，她積極地為兒子籌辦婚事。

有情人終成眷屬。

1921 年 9 月 3 日，海明威和哈德莉在密西根州的霍頓灣舉行了盛大而又隆重的婚禮。

結婚的海明威顯得很緊張，進入教堂前的一切準備工作使他的思考極度活躍，甚至產生了很多風馬牛不相及的古怪想法。

即將結婚前的這個瞬間使海明威不由自主地想起他參加拳擊和足球賽前的更衣室，進而滑稽地想，如果他被判處絞刑，在行刑前的感覺是否也是這樣。

海明威終於要結婚了，這個好消息傳遍了他的生活圈子，父親和親戚好友都來這場婚禮中幫忙。

海明威的表弟擔任伴郎。比爾·霍恩、凱蒂·史密斯、康納布爾夫婦等好友也都攜同兒子參加了婚禮。

新婚夫妻在密西根州的夏季別墅度過了為期兩週的蜜月。不言而喻，這個蜜月計劃肯定是海明威提出來的，他原來計劃在那裡陪同新婚妻子度過一段美好歲月的。

可惜事與願違。哈德莉說那是一個可怕的蜜月，他們一到別墅就病倒了，先是嚴重食物中毒，後來又患流感。

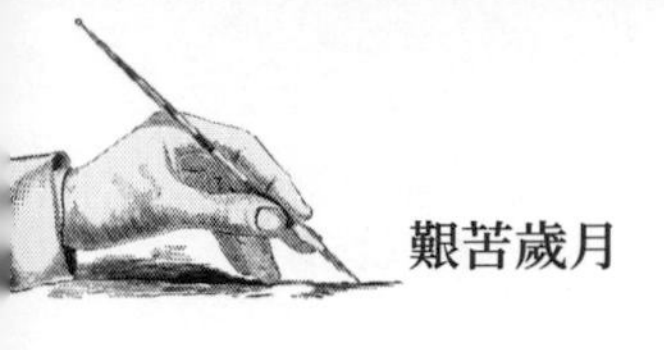

那段婚後生活正如海明威在《戰地春夢》中所描述的：「真如在漫長的黑暗中划船過湖。」

婚後三年，海明威對這位豐滿的妻子仍然讚不絕口，他告訴自己的表弟比爾．史密斯說：「你嫂子釣起魚來像男人一樣，興趣濃厚，絕不是裝模作樣。她懂的拳擊如同懂的音樂一樣多，啊，真是讓我陶醉呀！」

決定定居歐洲

海明威結婚了，這個放蕩不羈的年輕人找到了自己的愛情歸宿，他熱情洋溢地籌劃著婚後與妻子的幸福生活。

雖然海明威壯志難酬，當時他的稿件也大都被一些雜誌社所接受，但是，一個無可規避的現實問題是，海明威結婚的時候還沒有工作。

為期兩個星期的蜜月很快就過去，這對新婚夫婦很快就回到了芝加哥，他們暫時居住在史密斯先生借給他們居住的那棟公寓裡面。

新婚夫婦共同計劃新的前程，力圖改變現狀。在史密斯的家中單身生活固然是達到了原來的目的，但是海明威知道，他不能採取這種常見的自以為高明而實際空虛的態度。

任何一棵大樹都必須扎根，否則就會像個蛋殼一樣站立不穩。

就在這年秋天，舍伍德·安德森從巴黎回來了。他們來看望這對新婚夫婦，順便給他們帶來了好消息。

舍伍德·安德森是美國著名作家，他們的交情開始於東芝加哥 100 號的公寓中。他對海明威影響很大，是海明威初涉文壇的引路人。海明威的第一本書《在我們的年代裡》就是由於他的幫助得以出版發行的。

當時巴黎是先鋒派文學的中心，法文作家和英文作家均會集巴黎。舍伍德相信海明威在那裡能更好地汲取各家之長，從而形成自己的風格，在文壇上占有一席之地。

「法國和德國都是好地方」，舍伍德這樣對海明威夫婦說，「通貨膨脹難以控制，但是只要有幾美元，兩夫妻就能過王族一樣的生活。花不了幾個錢，一個作家所需要的舒適和環境就都有了。」

舍伍德先生的這句話很有誘惑力，打動了正好無所適從的海明威夫婦。

海明威夫婦充分考慮了這番話。海明威可以寫作，而哈德莉則可以玩音樂。

恰好在這個時候，哈德莉的叔父阿瑟去世了，她又意外地獲得了一筆 8,000 美元的遺產，再加上她原來所得父母的遺產，這筆錢足以使海明威夫婦這趟歐洲之行衣食無憂。

海明威夫婦又到多倫多去了一趟，去找《多倫多明星日報》商量工作和稿酬的事情。

早在海明威為《全國互助合作社》雜誌工作的時候，《多倫多明星日報》的主編約翰．博恩有意聘請他。海明威找好友克拉克商量，克拉克就是《多倫多明星日報》的特寫版編輯。

克拉克幫他出主意，說他現在的薪水是週薪 75 美元，而實際上是 50 美元，可以提出要 90 美元。海明威則提出要 85 美元，所以當時雙方並沒有談妥。

舍伍德先生給海明威提出了建議，讓他到歐洲去生活，於是海明威專程去了一趟多倫多，這一次他與《多倫多明星日報》達成了一致。

海明威作為《多倫多明星日報》在歐洲的常駐記者，在歐洲期間，所寫文章按篇付酬，外出旅行進行特寫報導時，週薪 75 美元，費用實報實銷。

海明威已經長大成人，不需要橡樹園了。他也不需要芝加哥和報界了。他願意回到他初次遭遇大悲劇的血染沙場上去。在那兒，他將作為一位作家來征服世界。

海明威夫婦動身前，舍伍德專門為海明威寫了幾封友好的介紹信給巴黎一些知名人士，如龐德．史坦、西爾維婭．畢奇和劉易斯．加蘭蒂爾等。信中說：「海明威是一個有卓著才華的年輕人，我相信他總有一天會嶄露頭角的。他曾經是一個頗負盛名的新聞記者。」

海明威躊躇滿志地準備動身，旅居巴黎是他人生中重要的一個轉折點。和哈德莉的結合，使海明威不僅獲得一個美麗女人的愛情、一筆可觀的收入，還有在歐洲度過的愉快的日子。

1921 年 12 月 5 日，儘管大雪阻礙了交通，紐約寒風刺骨，海明威攜同新婚妻子從紐約乘船前往法國。輪船並不是直接駛向目標巴黎，因為途中需要增加補給，在西班牙做了短暫的停留。

西班牙海明威還是第一次去，他覺得很新奇。而當時西班牙最出名的莫過於鬥牛比賽，對於海明威這樣一位喜歡驚險刺激的挑戰者來說，沒有什麼比看鬥牛賽更加有意思的事情了。

海明威匆匆買了兩張入場券，準備和妻子哈德莉一起進場。到了鬥牛場地的時候，海明威突然又想要去喝酒，就讓哈德莉一個人先進了場。

旁邊的酒吧裡面，一群新聞記者正喝得興起，大家相互吆喝著，旁若無人。海明威哪裡見過這樣的陣勢，嗜酒如命的他馬上也加入了這個團體。

等到鬥牛賽快要開始的時候，這幫喝過了頭的鬥牛迷們才傻了眼，不知不覺之中他們把自己的入場券都給弄丟了。

本來他們想要重新買票，但是現在鬥牛賽馬上就要開始，入場券早就停售了。

放棄嗎？可是這群人全都是鬥牛迷，誰又甘心呢？！尤其是海明威，千里迢迢好不容易才遇上這麼一次，輪船在西班牙逗留的時間不會很長，要是錯過了這次，天知道什麼時候才能看到這樣一場精彩的比賽？！

「要不這樣吧，我們讓憲警隊把我們當成犯人一樣，從側門帶進鬥牛場，你們說怎麼樣？」

「好。」

不知道是誰給出了這麼一個餿主意，大家一聽之下頓時拍手叫好。於是就這樣，這群好酒的鬥牛迷們總算是進了鬥牛場，過了一把癮。

海明威後來回憶起這次鬥牛的時候，還意猶未盡地說道：「那是一個很大的鬥牛場，所有參加鬥牛的鬥牛士都是老手。觀眾發出一陣陣的掌聲，熱情地歡迎他們喜歡的鬥牛士。」

「哈德莉還收到了一隻牛耳朵，用紙巾很好地包裝珍藏起來。那是老鬥牛士贈送給我們的禮物。那隻牛耳朵又乾又硬，上面的毛也都被磨光了，但是我們還是很喜歡。老鬥牛士的表演相當的精彩，唯一遺憾的事情是，我那天喝得太多了，看得暈乎乎的。」

輪船在西班牙的維哥港作了短暫停留。停留期間，海明威寫了一篇有關在西班牙釣金槍魚的文章。

在船上，粗通法語的哈德莉教他口語，海明威法語表達能力差勁得很，哈德莉評價說：「海明威法語實在不怎麼樣，怎麼也講不好。但他湊合著說下去，也能聽懂別人說。」

海明威在語言學習上狠下了一番工夫，後來他的法文、西班牙文和義大利文雖不大準確，但卻通順流暢，對他最感興趣的諸如運動、鬥牛以及戰爭等方面的專門詞彙運用自如。

三天之後，天朗氣清，已經完成補給的輪船終於又起航了，這次他們將直接到達目的地巴黎。

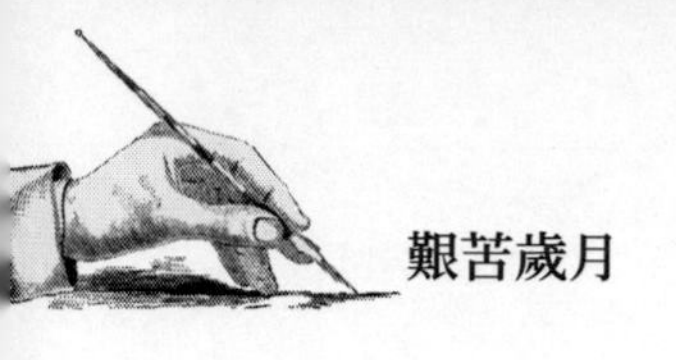

功成名就

最後我覺得他自題的墓誌銘也能表現出他的思考和語言特色，恕我不起來啦！

—— 海明威

在巴黎的新生活

1921 年 12 月 22 日，海明威夫婦到達巴黎。他們正好趕上了在歐洲的第一個聖誕節。把行李安頓在賓館裡後，夫妻兩個就去吃了一頓豐盛的聖誕節午餐。

「來，哈德莉，為我們即將開始的美好生活，乾杯！」

「聖誕快樂，親愛的！」

雖然身處在異國他鄉，但是海明威卻十分興奮。巴黎的酒菜十分豐盛，味道也非常獨到特別，令他們回味無窮。

美中不足的是海明威低估了飯錢，結帳時才發現口袋裡的錢不夠，哈德莉只好尷尬地坐在座位上，等著海明威回房間取錢來付款。

有過這一次的尷尬事情以後，海明威每次出門都多帶了一些錢。對於剛剛來到巴黎的這對新婚夫婦來說，巴黎就像是一個神祕的潘多拉盒子，總是在吸引著他們的眼球。

「好一個五花八門的城市。」他寫信給舍伍德．安德森時說。他和哈德莉就像兩個性急的密探那樣沿街巡視。他們在穹頂咖啡館吃飯，沒完沒了地在羅浮宮參觀，在拿破崙的墓邊徘徊，在塞納河畔各個書店裡瀏覽。

海明威安排了一定的時間去觀光，把白天大部分時間用來打字，把他所看到的一切寫成有條有理但不加修飾的真實報導。

白俄貴族如今在和平咖啡館看門，帶傷疤的公爵在駕駛破舊的出租汽車。法國人雖然打了勝仗，但仍不肯饒人，對那些德國兵咬牙切齒、恨之入骨，退伍士兵成了沒有腿的乞丐，找不到工作，他們只剩下一枚戰功十字勛章，因為這件東西在當鋪裡換不到法郎。

在巴黎，海明威看到了自己的年輕時代。這幫人是「純粹的人的精華」，是被戰爭拋起和連根拔出的一代人。

他們沒有目標，沒有信仰。有的人自溺於塞納河裡，有的人在自己的頂樓服毒自殺。還有的人懶懶散散、無所事事，以此來窒息生命。

當時聚居在巴黎的各國藝術家們自發辦起了一個藝術家沙龍，沙龍的中心是一個名叫葛楚·史坦的美國女作家。

史坦女士的「玫瑰花永遠是玫瑰花」的聲譽已蜚聲於海內外，她正在促進這個沙龍的發展。與當年的喬治·桑頗有相似之處，後者最著名的保護人和情人就是蕭邦。

海明威的手提箱裡小心地放著許多介紹信，最重要的是舍伍德寫給史坦的一封，信上說，希望她能幫助這個「具有非凡才能的年輕人」。

在戰後時期，法國把各種形式的藝術都看做赤裸裸的和感情上的寫實主義，後來便一頭栽到精神上寫實主義之中，探索意識流的寫作方法和寫實主義的繪畫。

畢卡索正在震驚著舊世界。這些新時代的開拓者都簇擁在葛楚·史坦周圍。她對別人的鼓勵和資助要比她自己的作用更有永久意義。史坦家下午和晚上的集會形成了當時巴黎的藝術中心。

海明威來到巴黎，為的是提升他所選定的藝術寫作。他坐下來恭聽葛楚·史坦及其朋友愛麗絲·托克拉斯的談話，還被介紹給這裡常來常往的人。其中有許多都是在前進的道路上迷失了方向的，只有少數算是成了名，其中包括詩人艾茲拉·龐德。

年輕的海明威是個記者，同時一心想要創作偉大和不朽的小說，所以初來乍到的海明威被他們新鮮的談話給吸引和震懾住了。

他們的談話吸引著海明威，但他插不上話，他只能坐在那裡默默聆聽。他們談到什麼意識流，談到什麼印象派，還有什麼象徵手法、寫實主義，這一切對他來說都很陌生，他得好好揣摩揣摩。

漸漸的，海明威揣摩出頭緒來了。他覺得其中有可取之處，但也不能說全對。他在那兒聽他們談話時，心裡自然有了取捨。

海明威在傾聽史坦的獨白時，總是取其精華，棄其糟粕。他盡情地欣賞了她收藏的繪畫，在那些畫家的作品中看到了他要用打字機表達的許多東西。

海明威在史坦的沙龍聚會上學到了很多，但是並非所有的觀點他都能夠在第一時間接受。比如說史坦最早提出過一個觀念，說他們這代人是「迷惘的一代」。

這讓海明威實在難以接受。他的確經歷過一段痛苦的歷程，他的確看見過巴黎那些經歷了戰爭的災難、至今仍無力自拔的一代人，但是要他承認自己迷失了方向，他是萬萬不會同意的。

「她的說法完全是危言聳聽。我認為我們這一代人也許在許多方面受了傷害，但是除了那些死者、殘者和已經證實的瘋子外，如果說我們都迷失了方向或者受到了損害，那我無論如何都不相信。」

「我們是迷惘的一代？不對。我們是堅強的一代。我們受過戰爭的考驗。例如克里奎，他是一個真正的殘疾人，但是他榮獲了世界輕量級拳擊冠軍！雖然我們中的某些人沒受過什麼教育，但你還是可以信賴他們的。」

為了證明自己並沒有迷失方向，海明威把自己打扮得像《多倫多明星日報》的董事長而不是個小記者。他衣冠楚楚、風度翩翩，好一副堅強的男子漢模樣！這樣一個人哪能屬於迷失方向的一代？

然而有意思的是海明威後來不但接受了這個觀點，而且

還對此大加讚賞，並且在他的成名作《太陽依舊升起》的扉頁上，開篇一句就是「你們都是迷失了方向的一代。」

漸漸地那個當代沙龍的第一陣衝擊力不久就消失了，史坦再也看不到海明威的身影了。

他到巴黎來為的是寫書，而不是來參加聚會。空談出不了作品，寫作總比談寫作有用。巴黎，整個巴黎，才是他的前院。

巴黎，這座塞納河上具有神奇色彩的名都，數百年來，就是作家、詩人和藝術家的創作之地。

1920年代初期，巴黎不僅是文化藝術中心，而且物價也相當便宜，為文學創作提供了良好的氣氛，是文人嚮往的理想生活地和工作地。

當時，許多著名英文作家和法文作家都定居巴黎，這裡還有數以百計刊登新興作家作品的小型雜誌。

在巴黎，海明威學習創作，廣交文友，練習拳擊，欣賞名畫，外出旅行，過著清苦而又充實的生活。巴黎則為他提供了用武之地，藝術上的薰陶，文學上的批評，為他成名、成功鋪平了道路。

巴黎是海明威筆墨生涯的起始點，駐歐記者的工作使他得以廣泛接觸社會各階層，鍛鍊了他對生活的觀察力，為他提供了豐富的生活素材。

但是海明威知道，巴黎和芝加哥有兩個共同之處，一好一壞。好的是，兩地都是文化城，各有各的特色。壞的是，兩地都很墮落腐化。

海明威夫婦在巴黎安頓了下來，他們從賓館搬到勒穆瓦納紅衣主教街一幢相當簡陋的公寓裡。

勒穆瓦納是巴黎醉漢和貧民集中的地區，十分陰暗沉悶。海明威夫婦住的是一個有兩個房間的大套房，浴室是一間小房間，裡面有一個盛汙水或小便的大桶。

海明威說這套公寓對那些習慣於密西根那種使用戶外廁所的人來說會感到夠舒適的了。而哈德莉出身富裕家庭，認為居住條件太過簡陋。但她性格柔順，凡事都依從海明威，從不口出怨言。

初到巴黎的海明威人地兩生。他一方面希望手中那點錢能多維持一段時間，另一方面則陶醉於放蕩不羈的生活。

海明威寫信給芝加哥的表兄妹說：「我們一個月開銷 250 法郎，住在巴黎最古老地區一座高山頂上。這是一個很優美的地方，下面有一座青春舞廳，你可以聽到為舞會伴奏的手風琴聲，但一點也不干擾你。」

海明威夫婦生活在貧民區，但是他給美國的親友們說起在巴黎的生活時，總是吹噓說他們生活得如何豪華，有客廳和更衣室，還有一個女傭為他們服務。

海明威真是誇張得可以。但是他樂觀地相信，他的寫作前景會是一片光明，巴黎必將是他人生的一個新起點。

但是貧民區的這個既狹窄而且喧鬧的環境，對海明威的創作干擾極大。為此，他又特地在一個旅店租了一個小房間用於創作，甚至可以說，海明威更多的時間是在咖啡館度過的。

成名以前的海明威生活極其樸素，一個筆記本、一支鉛筆、幾杯蘭姆酒和一盤葡萄牙牡蠣便可以讓他幸福地過上一天。

海明威常去的咖啡館叫丁香園，他每天一大清早就去那裡，那裡簡直算是他的寫作根據地。

那個時期的海明威有點小迷信，寫作時經常在右衣袋裡放進一根七葉樹枝和一條兔子腿，據說這樣能有好運。

海明威白天集中精力從事創作，對其他一切漫不經心，一旦進入創作狀態就渾然忘卻了一切，創作順利時常常熬夜寫作。

如果一天預定的工作沒有完成，他就不去娛樂活動。如果一天也沒寫出東西或寫得文稿不好，他就會感到很痛苦，脾氣也暴躁起來。

海明威對自己在文學界的前景充滿信心。用他的名作《午後之死》中的話說：「最偉大的事莫過於持續下去並完成你的事業。」

常駐歐洲記者

海明威在歐洲擔任的工作是《多倫多明星日報》常駐歐洲記者，為該報撰寫一些稿子，而這個工作最大的特點就是有機會也有必要讓他旅行。

「這就是我的大學教育。」海明威曾經評論說。他的短篇小說固然有價值，但是他那些筆記本裡有條不紊地寫下的見聞錄、印象記和記敘文，更成為後來許多年的寫作素材的源泉。

海明威去世前不久，他的夫人還說，他找出了在巴黎存放多年的幾本舊筆記。這些筆記使他記起久遠的往事，海明威開始把舊事融合到新的素材之中。

第一次世界大戰後的歐洲動盪不安。

不管是戰勝國還是戰敗國，這個時期都面臨著巨大的政治和經濟危機。在這有如汙泥濁水般的政治漩渦中，作為駐歐記者的海明威必須明確地辨明這些消息的真偽和背後的真相。

海明威認為：「要真實地反映你未曾親眼目睹的東西是非常困難的。」

在這期間，海明威寫了有關各種會議、戰爭和當時各國一些政治領袖的文章。

海明威也寫了許多關於歐洲現實生活的社會評論性文章，如瑞士的名勝、法國的衣著、俄羅斯的流亡者、德國的通貨膨脹等。

後來海明威還寫了一些他喜愛的體育活動的文章，比如一些釣魚、滑雪的故事等。

海明威對記者工作非常內行，但又有點玩世不恭，經常把最好的材料祕而不宣，保存起來作為小說的素材。他的同事為此指責他，他滿不在乎；除非新聞工作能為他提供急需的費用，並能使他與其他作家建立聯繫。

墨索里尼指使他的黑衫黨大舉進軍拿下羅馬。許多記者和政治評論家竭力為他塗脂抹粉，大肆鼓吹這個義大利法西斯頭目是義大利人民的救星。

海明威最先去了義大利，並最先報導了墨索里尼拿下羅馬的消息。他採訪了墨索里尼，他說墨索里尼「是個有著棕色臉龐的男子漢，前額很高，難得一笑，有一雙富於表現力的大手」。

但是這個時期的海明威已經展現出來他非凡的政治嗅覺，他沒有把墨索里尼美化為義大利的救星，而是反其道而行之，把這個法西斯頭目寫成一個危險的「品性很壞的人」。

當別的政治家只看到墨索里尼的優點時，海明威在報導中卻一再警告：「墨索里尼不是傻瓜，他是一個了不起的組織家。」並且海明威引用了墨索里尼的論斷：「我們有足夠力量去推翻企圖反對或消滅我們的任何政府。」

1922 年 11 月，墨索里尼奪取義大利政權後參加洛桑會議，海明威第二次訪問了這位領袖。時隔 5 個月，海明威的洞察力更為尖銳，他看透了墨索里尼的偽裝，稱他是歐洲最大的騙子。

海明威聲稱：「對一個穿黑襯衫、白鞋罩的人，我們犯了某種錯誤，甚至是歷史性的錯誤。他不是義大利的救星，而是歐洲最大的騙子。」

墨索里尼與東條英機、希特勒並稱第二次世界大戰三元兇，他的性格和法西斯本質現在世人皆知。

而在當時，墨索里尼卻偽裝得相當好，在國內國際都有著崇高的聲譽，很多名人，包括後來的英國首相邱吉爾和英國文豪蕭伯納都對他大加讚賞。

而海明威早在 1922 年就對墨索里尼的本性觀察得入木三分，的確是令人非常吃驚的事。

1922 年 10 月，土耳其的解放者和獨裁者凱撒爾把希臘人逐出了小亞細亞。希臘軍隊在士麥那戰敗，撤離該城，進占的土耳其軍隊把士麥那變成了屠宰場。

土耳其軍隊以無謂的混亂方式排除異己，使無辜的平民百姓背井離鄉，流離失所，其慘狀目不忍睹。

海明威讓哈德莉留在巴黎，自己趕去觀察這場戰爭。雖然他到達時戰爭已接近尾聲，他仍詳細描繪了「君士坦丁堡」的政治形勢和物質的貧乏。

針對希臘、土耳其戰爭的災禍，海明威為《多倫多明星日報》寫了 14 篇文章，這是他以後成長為作家的非常重要的因素。他第一部小說集《在我們的時代裡》就有 3 篇關於希土戰爭的短文，而且都是上乘之作。

海明威和希臘難民一起撤退，對這場戰爭作了生動的描寫：「安德里亞諾普城外那些全是稀泥的低窪地帶，雨中高聳著一座座清真寺的尖塔。喀打加奇大道上擁擠不堪的車輛綿延 50 英里。水牛在泥潭里拉拽這些大車緩慢地向前挪動。車隊不知頭在哪裡，也不知尾在何方。一輛輛大車上裝的就是難民的全部財產。年邁的男男女女渾身透濕，跟在車旁趕牲口。馬里查河混濁的河水幾乎漲上橋面。整個撤離期間一直下雨。」

希臘軍隊在士麥那戰敗之後，6 名希臘內閣大臣遭到槍決。他們被帶到一家醫院的牆根旁，一字排開。

其中有一名財政大臣染上了傷寒，走不動路，兩個土耳其士兵蠻橫地架著他出來。那名大臣站不起來，只好抱著腦袋坐在泥地裡，「砰」的一聲就被一槍打死了。

海明威的報導感情強烈，有股震懾人心的力量。他在報導完這一事件之後，在末尾處又加上一筆：「有一個被處決的人高高舉起一個小小的耶穌受難像。」

當海明威和同事們說起這些事情，又變得十分自然：「今天看到一個焚燒的村莊，我就拍了幾張極為精彩的照片。那場景十分壯觀，就像踢翻了一個螞蟻窩。難民的慘狀簡直就像是地獄。在這個國家真能看到一些可怕的事。」

海明威在君士坦丁堡得了瘧疾，10 月 18 日即在他寫的有關難民問題在多倫多發表的前兩天，海明威離開色雷斯，筋疲力盡地回到巴黎。他病倒了，身上長滿虱子，不得不剃了個光頭。

海明威累得筋疲力盡，不得不靜下心來用心地調養幾天。他於 11 月 22 日趕到洛桑，當時洛桑會議已召開兩天。這次會議是批准承認土耳其的勝利成果，主要成就是重新確定土耳其邊界，以及分配鄂圖曼公債、交換人質、希臘的戰爭賠償。

參加洛桑會議的代表來自英國、法國、義大利、希臘和土耳其。海明威在會議尚未有任何結果前就不再參加那些記者招待會了，他集中精力採訪各國領導人。

在他的文章裡描述了墨索里尼、英國外相寇松、蘇聯外交部長契切林、土耳其將軍伊斯梅爾．帕夏。洛桑會議一結束，海明威就寫了一首詩，題為《他們都在談和平 —— 什麼樣的和平？》，對國際外交界的道德敗壞進行諷刺：

寇松爵士愛孩子
契切林愛孩子
穆斯塔法．凱末爾
也愛孩子

1930年代的歐洲戰禍迭起、風雲多變。他因工作需要到了德國。「一戰」後的德國正在經受著急遽的通貨膨脹的威脅。

在德國，流通貨幣每小時都在貶值。失業以及對法國這樣的戰勝國的仇恨像癌症一般摧毀著這個國家的國民精神。

德國人民搖擺於共產主義和希特勒瘋狂的法西斯主義之間，軟弱和虛幻的威瑪民主政體則還想維護自由的價值。

有時工作不需要他趕到某個指定的地方，他就帶著妻子去瑞士，去米蘭，去奧斯塔，去里維埃拉盡情遊玩。

當然海明威去得最多的地方還是西班牙。那個地方就像一塊磁石一樣吸引著他，她像個輕佻的姑娘，激起的感情和冒險千變萬化，難以言傳。

哪裡有行動，哪裡就有記者海明威。他天真地訪問了科隆大教堂，從塔樓上俯視城市廣場上的一場暴亂。

海明威在給《多倫多明星日報》的稿件裡寫道：「科隆的烏合之眾，企圖拆除前德國皇帝威廉二世的巨大雕像。這場騷動以革命開始，以小規模的暴亂而告終。」

在萊茵河上，他看到了憤怒的人群與警察搏鬥。3個警察被從橋上拋到混濁的河水裡。第4個抓住橋欄杆，兩只腳吊在半空中，活像一個怪模怪樣的木偶。

一個對手抓起一把斧頭對準這個警察的雙手猛劈下去。只聽見一聲慘叫，他便跌進了急流之中，立刻沖得看不見了。

「怎麼會這樣野蠻？」

「因為從前德國在戰爭的災難中從沒有吃過敗仗。」

海明威問道，然後他又自我嘲諷地如是回答。

將近5年時間，海明威代表《多倫多明星日報》經歷了歐洲的許多地方，參加了各種政治會議和經濟會議，會見過不少政界要人。

海明威直接與政治家交往，並參與了一些歷史事件，使他的政治思想更加成熟。他對被流放的俄國人深表同情，還同情被壓迫的希臘人、慘遭暴亂的德國人和生活在法西斯機槍下的義大利人。

在《我們的時代裡》中，海明威對戰爭和動亂的受害者充滿同情，而對國王、將軍和外交家卻含沙射影，大加譴責。

海明威既注意看，又注意聽，就是不引用政治理論。他也無意裝成能預卜吉凶的先知，所以他的觀察特別準確。

海明威作為一個優秀的新聞記者建立了自己的聲譽之後，便設法採寫獨家報導的內幕新聞。他會見了法國總理克里孟梭。此人當時可說是對於義大利和德國的沙文主義和極端主義咆哮不已的猛虎。

海明威寫了一篇很有見地和熱情的文章。但是《多倫多明星日報》拒絕刊登這篇訪問記，海明威很想立即辭職。

只是因為考慮到每星期的薪水，他才暫且作罷。他向那位法國政治家道歉，回來卻向哈德莉發洩怨氣。這件事埋下了他對新聞報導工作感到失望的種子，後來終於使他離開報界。

長子約翰出世

巴黎仍然是海明威夫婦的家，也是僅次於西班牙的海明威鍾情之地。哈德莉在一所公立音樂學院學習，腦海裡總在夢想有朝一日能開音樂會。

白雪飄落在巴黎那些令人眩暈的屋脊上時候，哈德莉在思念出差在外的丈夫。等到杜樂麗宮的園林裡第一棵桃樹開花的時候，她還在想念他，因為他不在這裡和她同賞美景。

海明威總是撇下她，一下去了義大利，一下去了瑞士，一下又去了希臘。

戰亂中的希臘固然不是女子該去的地方，德國的暴亂以及許多政治的經濟會議，也同樣不是女子可以參加的。

當然，在條件允許的情況下，海明威還是願意陪同妻子一起前往的，但是他們僅有的一次共同出行，卻讓海明威深受打擊。那次打擊和彈片打中他的膝蓋一樣嚴重。

事情是這樣的，當時海明威應邀前往參加洛桑會議，哈德莉後來也從巴黎趕往洛桑，打算和正在採訪洛桑會議的海明威去做另一次滑雪休假。

1922 年 12 月中旬，哈德莉隨身攜帶一個手提箱，裡面是海明威尚未發表的全部手稿、打字稿和複印本，包括他的第一部長篇小說、18 個短篇和 30 首詩。

哈德莉把裝滿手稿的手提箱放在她的車廂內，然後離開車廂去看她的衣箱是否裝上車，當她返回時發現手提箱不見了。

儘管事後多方查尋，手稿如石沉大海，只有交到出版商手裡的那部分保存下來。

這件事情發生之後，哈德莉好幾天不敢把真相告訴海明威，而當哈德莉說明真相時，海明威感到非常難受。

這件事使海明威受到極大的震動和傷害。手稿的丟失不僅使他多年的心血化為烏有，還給予他可怕的心理影響，以致海明威一度認為自己不可能再從事創作了。

22 歲的作家丟失了自己的第一部長篇小說稿本時的那種難過的感覺大概不亞於 80 歲的女王丟失自己心愛的鑽石頭飾。而這一切，大半都要責怪與哈德莉在車站的耽擱。

哈德莉對丈夫的作家生活了解甚少，漫不經心地攜帶文稿，而不是把它安置在安全的地方，從而使丈夫感情與思維的成果丟失。

深感內疚的哈德莉理解了海明威當時的悲痛心情：

> 海明威是那樣深情地把自己融化在他的作品中，我認為他一直沒有從這個無法挽回的損失的痛苦中恢復過來。

這種打擊對海明威與哈德莉的姻緣無疑是一種災難，讓夫妻關係蒙上一層陰影。

海明威是個難以共處的丈夫，這也是容易理解的。

海明威在體育和娛樂上一向大方，但對哈德莉的衣著消費卻很吝惜。他一直沒為哈德莉添置新衣，並荒謬地說：「不買任何新衣服，你就能省下錢來享受了。」

哈德莉性格溫順柔和，在許多事上都屈就海明威，再說她母親為她選購衣服時多以便宜為標準，所以她對此保持沉默。

但她的朋友卻看不慣海明威不近人情的做法，她叫嚷道：「哈德莉這樣逆來順受也太蠢了！她的衣服破舊得無法上街，何況還是她自己的錢。」

海明威一直認為他母親控制著他父親，因此決心主宰自己的婚姻，一開始就對妻子很嚴厲。

他的文友史考特·費茲傑羅一次笑著對哈德莉說：「我注意到在海明威家裡，你的一舉一動都得聽海明威的。」

也許海明威並不喜歡這樣做，但菲茨杰拉德的話卻是事實。

海明威在歐洲工作期間大都是一個人在外面，而把妻子獨自留在家中。哈德莉日夜獨處，不免怨恨，因為丈夫的冒險熱情降低了她在他生活中的地位。

就是人在巴黎，海明威也不會常待在家裡陪伴妻子。他喜歡在路旁的小咖啡館裡坐一坐，在盧森堡花園的小徑上走一走。那裡有偉大的雕像，有福樓拜、左拉和莫泊桑的胸像。

他常常是隨便在哪個便宜的餐館裡喝點咖啡，吃點奶油鬆糕，然後往往坐在那張餐桌上一寫就是整整一個上午。

不寫東西的時候，要麼埋頭看書、學法語，要麼邀上好友約翰·道·帕索一起喝酒或者去看賽馬或拳擊。

海明威還騎著自行車周遊法國全境和奧地利的一些地方。回來後，他不是向妻子講述旅途見聞，而是坐在寫字臺前一寫就是好幾個小時。哈德莉想必弄不懂到底哪個更重要：她呢還是那架打字機。

夫妻之間的矛盾漸漸地展露了出來。不久之後，哈德莉懷孕了，對於每一個新婚家庭來說，這恐怕都是一個值得慶祝的好消息。

但是對於海明威來說，這卻不是一個令他興奮的消息。他還在忙著自己的稿件，他覺得這個孩子來得太早了一些，他還沒有做好當爸爸的心理準備。

一天海明威又去拜訪葛楚·史坦。他獨處一隅，不言不語。這時候他雖然不是經常出現在史坦身邊的沙龍，但是因為海明威曾經負責替她賣出一篇在許多編輯部周遊過 12 年之

久的稿件，她感激之至。更重要的是，她很喜歡這個年輕人。

海明威在那裡喝了咖啡，又在閒談之間吃了一頓午飯，下午也沒有表示要告辭，而且接受了留他吃晚飯的盛意。到了夜裡 22 時，他才靦腆地宣布說，哈德莉懷孕了。

「恭喜你呀，海明威，你要做爸爸了。」

史坦女士一聽就恭喜他，可海明威卻氣呼呼地頂了回去：「我還太年輕，不該做父親！」

史坦和她的朋友勸了海明威整整一個小時，才使他的情緒安定下來，並且他們還親自送他回家。她們要他相信，一切都會順利解決的。

解決辦法顯而易見。海明威夫婦返回美國，在那裡生了他的長子約翰。但是僅僅 5 個月之後，他就又回到了巴黎。

對於海明威的重新回來，他在巴黎的朋友們無不歡迎。尤其是他還帶來了一個可愛的孩子，這更加讓朋友們驚喜。

小約翰長得十分可愛，也很討人喜歡。

史坦和托克拉斯這兩個女人圍住孩子團團轉，忙得不亦樂乎。她們為嬰孩做了一把鑲有繡花邊的小椅子，編織毛衣，還提出一些外行的建議。

到聖公會教堂洗禮時，史坦女士和一個上年紀的英國退伍軍人分別做了孩子的教母和教父。

小傢伙哭起來嗓門大得嚇人。

有了家庭、有了孩子以後的海明威面臨著養家餬口的巨大生活壓力，但是他充滿信心。他相信自己總有一天能夠取得輝煌的成功，而那個時候，世人也必將為他所震撼！

夫妻感情的破裂

用少年成名來形容海明威一點都不過分。在所有的天才作家和藝術家中，海明威在 25 歲以前就達到了人生的巔峰，這在世界文學史上都是一個相當高的紀錄。

海明威帶著懷孕在身的妻子回到了美國，妻子為他生下了一個可愛的寶寶。海明威雖然覺得這個孩子來得太早了一些，但是當孩子真正降臨到這個世界上的時候，他還是和世界上所有的父親一樣，對這個孩子充滿了父愛。

海明威原本計劃和妻子到多倫多工作，因為他為之服務的《多倫多明星日報》總部是在多倫多。

恰好在這個時候報社編輯部改組，海明威的好友克蘭斯頓被調離到其他崗位，新組成的編輯部把海明威看做一個在歐洲盡情作樂之後回國的普通記者。

新編輯部規定，所有投稿的文章必須符合《多倫多明星日報》的加拿大標準，必須適合他們的版面安排。海明威必須充分迎合這種口味，不得有所創造。

《多倫多明星日報》採用了海明威的幾篇關於水災、地震

以及「白菜和國王」的描述文章，但是拒絕刊用克里孟梭訪問記，這就像一根毒刺一樣使他怨憤。繼之而來的打擊是，海明威交出的一位匈牙利外交官提供的揭露納粹和法西斯主義的原始文件竟被隨意付之一炬。

《多倫多明星日報》這種近乎是歧視的待遇讓海明威忍無可忍，他帶著還不滿 5 個月的孩子和妻子一同回到了巴黎。海明威發誓要忘掉一切，全力寫作他那部構思成熟的長篇小說。為此，他背水一戰，把記者工作也辭掉了。

在極度惡劣的條件下，海明威艱苦寫作，他相信，自己一定能夠成功：「寫作在我看來就是建築，不是室內裝飾，巴洛克式的建築已經過時，我要震撼全球。」

理想是美好的，現實是殘酷的，這是一段相當艱苦的日子。海明威一家在巴黎香聖母院路一家很嘈雜的鋸木廠樓上租了一個套房。

他們住的公寓在一個堆滿木材的大雜院內，簡陋得令人難以置信，沒有自來水，沒有煤氣，沒有電燈，甚至沒有床。

哈德莉把一床褥墊鋪在地板上當床，房間在二層，要經過搖搖晃晃的樓梯才能爬上去。環境相當齷齪，來訪的朋友都感到震驚。

海明威有一個嗷嗷待哺的幼兒，有一個安於貧困的妻子，他的打字機上常常沒有新的色帶，短短的鉛筆頭得用鈍刀削尖。

海明威在經受越來越大的挫折。小說稿件是他最喜愛的，也是他的頭腦、心靈和細心修改的產物，可就是賣不出去。

如果海明威已經算得上有名的話，那他也是以其報刊文章著稱的，但他認為這種文章幾乎人人會寫。

尤其傷害海明威自豪感的是，編輯們退回他的稿件時，不屑稱之為小說。退稿信提到稿件時總是稱為「速寫錄」、「短文」，最糟的還有說是「逸事」的。

海明威在回憶起這段往事的時候這樣說：「人家不要我的小說，我們靠吃韭菜、喝薄酒和開水過日子。」

海明威沒有錢，還要肩擔一家的生活。儘管如此，他充分認識到了以獲利為目的的危險性，所以他在金錢面前能絲毫不動心，仍保持他藝術的完整性。

海明威寫信告訴父親說：「對我來說，在平靜安定中寫作比陷入金錢陷阱重要得多，這個陷阱已經毀滅了許多美國作家。我要盡力去創作，一點也不考慮銷路問題，也從不考慮它會給我帶來什麼，甚至也不想它能否發表。」

和大多數作家一樣，海明威發現寫作是一個非常困難和殫精竭慮的過程，也是對作家能力的挑戰，是縱然終身以求也難以達到盡善盡美的挑戰。

海明威認為寫作無法言傳身授，只有長時間艱苦地探索實踐才能學會。但是在越來越窘迫的生活條件下，海明威不得不屈服於生活。

海明威找到了他在巴黎的一個朋友龐德，透過龐德的關係，海明威認識了《大西洋評論》的老闆福特。這個刊物很難說得上興隆，但確有雄心，一個骯髒的小小編輯部就設在昂角碼頭一個印刷廠的樓上。

也許好運就是從海明威認識福特的那一刻開始的，海明威是他們的第一流作者，《大西洋評論》開始刊登他的小說，並且授予海明威助理編輯和「物色人才」之職。

接著，海明威的幾個短篇小說被幾家法國雜誌接受了。然後德國最大的出版社烏什丹公司發表了他的幾篇特寫，另有一個短篇小說〈鬥牛〉發表在《豐收》雜誌上。

這個美國的短篇小說家在國外得到了承認，編輯和出版商開始對他刮目相看。美國的編輯先生們為之怎麼舌，他們再也不能對他置之不理了。《大西洋月刊》率先買下了海明威的〈五萬美元〉。

這篇小說寓深刻的意義於諷刺之中。主角傑克·布倫南是個拳擊家，他與幾個賭徒打賭，甘願出賣自己的頭銜和前程，把拳擊打輸，以便換取最後一筆財富。

誰知他上了那夥賭徒的大當，因為對方是以犯規手段一拳打在他的腰帶下面，將他擊倒的。他在劇烈痛苦之中仍然不肯承認他是被犯規的一拳打倒的。

報復時，他用顯而易見而又十分惡劣的犯規手段猛擊他的對手。這麼一來，他當然輸了這場拳擊，但贏了賭金。

〈五萬美元〉說明了海明威的論點：「扒手和妓女中間也都各有道義，只是道義的標準有所不同罷了。」

海明威的名字在美國開始廣泛地為人知曉。有些批評家承認他的風格純正，表達主題思想直截了當。他的作品的某些段落讀起來很像詩歌而不像散文，他的許多短篇小說都反映出當時很受歡迎的「意識流」寫作手法。

赫斯特系列的各種報刊表示想同他簽訂一份待遇優厚的合約，聘他為記者。

對於當記者的建議他連想也不想就斷然拒絕了。他不願再受報館工作的種種限制。他的筆記本裡寫滿了筆記和構思，他需要時間把它們變成一篇篇小說。

海明威的這個決定在家庭裡引起了軒然大波，夫妻為了這件事情大吵了一架。

「這麼好一份差事你怎麼就推掉了？你知道我們正缺錢花。大人不要緊，你也得為孩子想想。你可以像以前那樣邊當記者邊寫小說嘛！」哈德莉知道後埋怨道。

她嘮叨起來就停不下來，說得海明威心頭火起。他繃著臉說了句「不做就是不做」，就再也不說一句話了。

這是海明威第一次對妻子發脾氣，但是有了第一次就會有第二次、第三次。

夫妻之間的裂痕產生了，擴大了，有時甚至吵得打起來，罵得哭起來，夫妻兩個的關係越來越緊張。脾氣暴躁的海明威夫婦的家庭生活瀕於危機。

偏偏就在這個時候，海明威又傳出來了一件桃色緋聞，給原本就越發緊張的海明威夫妻關係徹底畫上了句號。

當時有個做雕刻的女人叫愛麗絲，她長得並不美，身材苗條，弱不禁風。海明感覺得，這個女人活像煙捲上裊裊升起的一縷青煙。

不過愛麗絲卻懂得如何討得男人們的歡心，在海明威面前不多言不多語，自有一種優雅文靜之感。這正是海明威在家裡發過脾氣之後所需要的鎮靜劑。

海明威在家裡總是要面對著妻子那種冷冰冰的臉，和愛麗絲一個對比，海明威的心也就活躍了起來。

兩人日久生情，不久之後就越過了雷池。然而當愛麗絲看到海明威赤裸的胸膛上滿是槍眼的時候，頓時發出一陣尖叫：「你滾，滾出去，別再讓我看見你。」

海明威不明所以，他用力抓住愛麗絲的肩膀，問道：「怎麼回事？怎麼了？」

「你醜，你身上都是疤痕。離我遠點，你這個醜八怪。」

海明威這件事情在有心之人的炒作之下被渲染成桃色緋聞，消息不脛而走。

至此，哈德莉傷透了心，從前那個愛她疼她的丈夫已經消失了，現在的海明威再也不是從前她所愛的至寶了，傷心憤怒之下，她帶著兒子回到了美國。

沒有人知道，當時哈德莉窮得連補鞋的錢都沒有，她穿的衣服不僅破舊，而且樣式早已經過時。但是海明威不管有錢沒錢都不給哈德莉添置衣服。

而海明威有了孩子之後仍然醉心於寫作，讓哈德莉看不到撫養孩子的前景，夫妻的感情極度惡化。直到海明威鬧出桃色緋聞，夫妻的關係徹底破裂。

海明威與哈德莉的夫妻關係至此畫上了句號。1927 年 1 月，他們正式辦理了離婚手續，一段感情至此落下帷幕。

第一本長篇小說出版

妻子帶著孩子離開了，這件事情對於海明威來說是一個不小的打擊。他是一個驕傲的人，他可以犧牲感情，但是割捨不下自己的創作。

海明威一直相信，只要自己努力，只要他繼續堅持創作下去，成功的果實很快就能摘到手中。

妻子離開之後，海明威在貧民區租了一間小閣樓，繼續他艱苦的創作生活。

海明威的房間擺設十分簡單，裡面只有一張破舊的床，

一把陳舊的椅子，兩張桌子，一張桌子上面擺滿了文稿，看得出來是他工作的地方；還有一張桌子放著臉盆和大水罐。

海明威就是在這樣一種艱苦的環境下繼續寫作的。也許在局外人的想像中常常帶有一種浪漫的色彩和吸引力，但是實際參與其中才能真正體會個中滋味。

難忍的飢餓，退稿的折磨。海明威咆哮起來，大罵編輯太愚蠢，出版商太混帳。但他勒緊褲帶繼續寫作，一天只吃 5 個法國銅幣的炸馬鈴薯作為午餐，極為特殊的場合才喝一點酒。

海明威頑固地用他的頭去撞擊那銅牆鐵壁。他認定了的路要一走到底。他一定要按照自己見到的和認識的人來刻畫人物。誰要想讓他在風格上讓步，那是絕對辦不到的。

海明威博取眾家之長，逐漸創新文體風格。他的短篇小說自成一家，風格獨具，既不是歐·亨利式的，也有別於莫泊桑和契訶夫的寫法。

海明威刪去小說中一切可有可無的東西，達到最大限度的含蓄和簡練。按照他創作的「冰山」原則，他只露出八分之一，其他讓讀者自行揣摩、體會。

海明威在咖啡館、旅店的小房間裡和自己的公寓中伏案寫作，為了寫好一小段，海明威經常花去一早晨的時間。

海明威的美學建立在兩個基本原則上：

> 第一，小說必須忠於現實，但要運用作家的想像力和創造力加以提煉和改造，直至它比單純事件更真實可信。
>
> 海明威一向認為知識淵博的作家都是從現實出發，最後創作出比實際閱歷更引人入勝的作品。
>
> 第二，小說必須簡潔、精鍊，從而達到強化效果。
>
> 海明威認為可以把作者取捨素材的能力作為評價小說優劣的標準。

雖然海明威精彩地發揮了他的寫作技巧，按冰山的創作原則進行刪節，但他有時刪得太多，以致把創作原意淹沒在大塊冰山中。

海明威文體風格的特徵是明快生動，注重每個單詞的作用，著重對話體而不注重記述體。

海明威的寫作技巧與他的風格相媲美，他自己也對那種淳樸的表現手法感到自豪。他的散文精鍊、樸實無華，是20世紀初期最有影響的散文。

當時，有「意識流鼻祖」之稱的愛爾蘭作家詹姆斯·喬伊斯正在巴黎進行他的意識流實驗。他的作品《尤利西斯》和《芬尼根的守靈夜》很有意思，也很難理解。

在喬伊斯的影響下，一些學者就開始寫起了導讀的書，緊接著，另一些學者又寫起指導讀者讀這些導讀的書的文章。

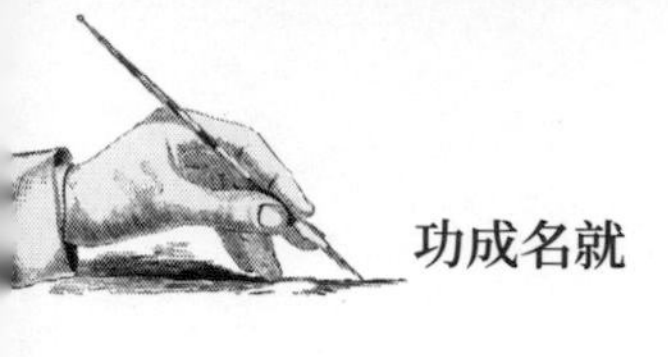

史坦的詩也屬於意識流的實驗品。有人認為，這女人不是天才就是騙子。

如果你說你喜歡她的詩，那麼無論你用什麼樣的語言來為自己辯護都沒有錯；但是，如果你說不喜歡，那你就會被打上無可救藥的無恥之徒的烙印。

海明威無意震驚讀者，而只是在人們常說下流話的時間和地點使用了下流話，在常會發生兩性關係的場合描寫了兩性的關係，並用語言繪製出有聲有色有味的圖畫。

海明威的味蕾是靠喝酒而變得敏感的，但他從不吸菸。定下這條戒律，是因為他需要保持他那敏銳的嗅覺。

海明威覺得跟那些冒牌的藝術家們往來十分危險。因為在那個圈子裡，你可以喝酒喝得醉死，可以亂搞女人，可以喝咖啡閒聊浪費時間，也可以因為吃得過飽和空談過多而變成懶漢。

他跟那些冒牌藝術家斷絕了來往，遍訪了巴黎的法國出版商。

就在他窮困潦倒的時候，司各特·菲茲吉拉德和舍伍德·安德森這兩位朋友把海明威從窮困潦倒中救了出來。

菲茲吉拉德當時已經與查理·斯克里布納合作寫完了第五本暢銷書，他寫信給紐約辦事處，熱情稱頌這位「很有潛力的」新作家，想拉他進入這個團隊。不約而同，安德森也給他的兩個出版商博奈和利夫萊特寫了類似的信。

利夫萊特最先提出簽訂合約，預付 200 美元，附帶條件是對於海明威今後 3 部著作的出版有優先權。利夫萊特公司出版了海明威的短篇小說集《我們的時代》。其中的第一篇《印第安人營地》，寫的是一連兩天聽著妻子在臨產時慘叫的一個印第安人，他最後割斷了自己的喉嚨。一位評論家寫得好：「在海明威筆下，一個人受不了外界事物時往往以自刎了結。」

《我們的時代》出版後受到許多著名作家的好評。愛德蒙·威爾遜發現海明威是一個不可多得的人才，並協助他建立了真正的文學威望。

威爾遜說：「他的散文是第一流的。」並把他與安德森·史坦相提並論，認為海明威筆下人物所用的語言不避俚俗，能真實準確地表達人物的深沉感情和複雜的心理狀態。

艾倫·泰勒、史考特·費茲傑羅以及勞倫斯等作家也認為這是一部頗為驚人、獨具特色的好作品。這些名家都對海明威早期作品進行了扼要的評介。

評價均集中在海明威不同尋常的風格、文風、技巧與道德標準上，並把他當成文學界一支很重要的新生力量。

緊接著《我們的時代》之後，斯克里布納出版公司出版海明威的第一本長篇小說《太陽依舊升起》。這本書一出版

就進入暢銷書行列，海明威也因此成為眾人矚目的作家。

《太陽依舊升起》故事情節簡單得驚人。美國記者傑克·巴恩斯愛上了英國護士布萊特·阿什麗。戰爭中的一次「事故」剝奪了巴恩斯的性功能，致使他們的愛情變得殘缺不全。

阿什麗人長得很美，有教養，有才智，也很傾心巴恩斯。這女人滿腦子都是愛情，卻又並不真正懂得愛情的含義是要忠誠於自己的伴侶，要維護好婚姻的穩定。她只享受婚姻帶來的快樂卻不想承擔婚姻的責任。

她在巴恩斯那兒得不到滿足，便去找別的男人鬼混，和他們在巴黎的咖啡館裡胡作非為、酗酒調情。由此又引出了其他一些人物。他們以賽車似的速度出出進進，他們在踐踏愛情的尊嚴。

他們都是戰後被生活的激流衝擊出來的年輕人。他們流落異鄉，浪跡歐洲大陸，整日裡聚飲、釣魚、看鬥牛，或者在三角關係中爭吵鬥毆。他們處於一片精神的荒漠之中，感覺到巨大的空虛和迷惘。

《太陽依舊升起》成了 1920 年代那一代人的典範之作。海明威恰如其分地把史坦的那句話「你們都是迷惘的一代」作為扉頁題詞，道出了這本書的實質，從而使它和它的作者一道被視為「迷惘的一代」的代表。

迷惘的一代指的是那些迷失方向，到處遊蕩，終日酗酒，學跳查爾斯頓舞和效法達達派的人……也就是熬過了一次戰爭，不料若干年後又捲入第二次戰爭的那一代人。他們在戰爭的影響下成為迷茫的一代，他們因為面對戰爭的殘酷而變得無所畏懼。他們喜歡揮霍自己的青春歲月，他們不知道自己將會為此付出什麼樣的代價。他們覺得在有限的生命裡需要體驗更多的生活。

這是海明威發表的第一部長篇小說，傳播到全世界，譯成許多許多種文字。

這一年，海明威 30 歲，他忍受住了創作的枯燥和寂寞，終於迎來屬於他的輝煌成就。在人生而立之年，他站在了世界文學的巔峰 ！

品嘗成功的芳香

海明威成功了，但他是一個孤獨者的成功者。他精力旺盛，年紀又輕。但是哈德莉走了以後留下一連串問題。他們的離婚手續直至 1927 年才辦好，正在成長的男孩約翰失去了父親。

海明威的成名作《太陽依舊升起》暢銷世界，大家認為他的諷刺筆法比得上馬克·吐溫，他的明快風格比得上辛克萊·路易斯，他的強勁有力比得上厄普頓·辛克萊，他的生

動活潑比得上沃爾特·惠特曼，他寫死亡主題的手法比得上愛倫坡。

海明威的書在市場上獲得了一致好評，但是在家鄉，在他的雙親那裡，他卻遭到了強烈的反對。

早在 1923 年，海明威的第一本小集子《三個短篇小說和十首詩》在法國出版。橡樹園圖書館驕傲地訂購了 3 冊並上架出借，這一下子就惹起了軒然大波。

安分守己的老派居民全都嚇壞了。那算什麼語言，而且海明威寫的東西都是想都不該想的，更別說印出來永久流傳了。假使這孩子犯強姦罪被絞死在鄉村花園裡，他家那些朋友也不會像現在這樣瞞住他那悲傷的母親並且暗暗替她焦急。

家鄉的來信嚴厲地規勸他，但海明威全當耳旁風。

「我一直被認為是個壞孩子」，海明威說，「甚至是個不孝子。從 16 歲開始，我就力圖在許多方面作冠軍。寫作是我自己選定的歸宿。從少年時代起，我就在這方面常得冠軍。那時候橡樹園那些批評家當然辱罵不倒我。」

而現在，海明威的暢銷書《太陽依舊升起》在芝加哥熱賣的時候，他的父母卻萬分焦慮，對這本書大加批判。

過分拘謹、依從習俗的愛德醫生堅持說，他寧可看到海明威死去，也不願見到兒子寫這種汙穢的作品。

父親寫信勸兒子說：「你把世界描寫得獸慾橫流。去發掘那些歡欣的、催人上進的、樂觀而高尚的主題吧！」

當海明威的暢銷書《太陽依舊升起》高高擺在書架上的時候，父親滿懷憂傷地驚叫道：「海明威又寫了一部齷齪的小說。」

相比於海明威的父親，他的母親對此更加恐懼，她寧願自己的兒子進墳墓，也不願意他寫這些玷汙清教徒家庭的事情。

早在很早以前，母親就對這個思想叛逆的兒子憂心忡忡，甚至在海明威還只是在校刊上發表文章的時候就對他說：「你寫的一切令人毛骨悚然。」

當母親看到《太陽依舊升起》的時候，她徹底地歇斯底里了。母親寫信譴責海明威說：「這是當年度最汙穢的小說之一。」

而最讓父母感到震驚和難堪的事情是，兒子在寫作的時候有個不良的習慣，為了更好更真實地描寫出他熟悉的人和事，他總是習慣性地把身邊的朋友甚至師長都寫到他的誹謗性小說中。

在《在密西根州的日子裡》這本書中，海明威用他青少年時期的幾個朋友和師長的姓名組合在一起，拼湊成了他小說中一個肉慾戀者的名字，這其中就包括海明威的初戀情人

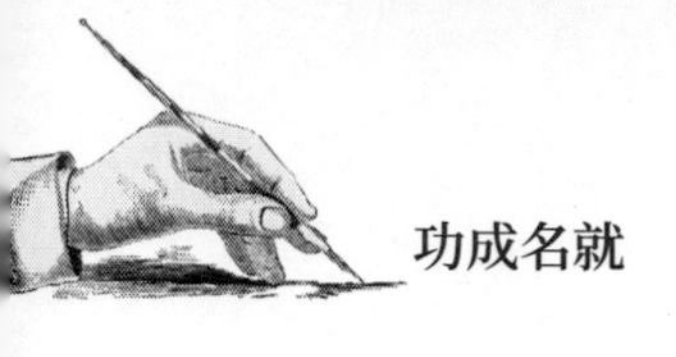

和橡樹園中一位知名人士。

當他們看到這本書的時候，怒氣衝衝地質問愛德夫婦，到底是什麼地方得罪了他們的寶貝兒子，要這樣中傷詆毀他們的名譽。

愛德夫婦對此無言以對。兒子的離經叛道已經達到了一種令人髮指的程度，母親更是傷心欲絕，她始終不明白為什麼在橡樹園這樣良好的環境中成長起來的孩子會寫出這些「從陰溝裡撿來的髒字和齷齪思想」。

不僅僅是他的父母，海明威身邊的朋友對此也是憤憤不已，與之絕交者不在少數。

在海明威的成名作《太陽高高升起》中，所有的主角甚至於配角都能夠在海明威的生活中找到縮影，而其中最令人噁心的角色羅伯特·科恩，他的原形竟然就是海明威的一個老朋友哈羅德·洛布。

洛布比海明威成名早。在海明威還默默無聞時，他已經賣出了他的第一部長篇小說稿。但他並沒有歧視當時尚無名氣的海明威。

他們曾一道坐在巴黎的一家小咖啡館裡探討寫作技巧，還一起去西班牙參加潘普羅納鬥牛節，他們的友情深厚。

洛布曾經有過一個女友，但那是一個水性楊花的女人，和他好了一陣又和海明威的另一個朋友混在一起。洛布曾經找上門去，不但沒能挽回失去的愛情，還差點和當時在場的海明威打起架來。

「我真是個傻瓜」，洛布聳聳肩對海明威說，「還要去追求那個已經不愛我了的女人，還差點為此和你吵翻了。真對不起。」

海明威當時只是淡淡一笑，並沒說什麼。但是多年以後當他動筆寫《太陽依舊升起》的時候，這件事情反倒成為海明威創作的靈感。他把這個人寫進了他的小說，塑造成羅伯特·科恩這個形象。

這個人物最後一次在書中出現時正在旅館房間裡獨自哭泣，因為他為了女人打了他唯一的朋友。那個女人不要他了。

洛布一看這部小說就知道書中的科恩就是他。他覺得自己遭到不公正的描繪，一氣之下便和海明威斷了交。

有了這樣一次友情絕交的先例，海明威還不知道吸取教訓，他依舊固執地堅持著自己那一套再現真實人和事的做法。在《太陽依舊升起》熱賣之後，海明威又針對美國和巴黎的文學界寫了一篇諷刺小說《春天的激流》。

海明威寫《春潮的激流》的動機很簡單，他的《在我們的時代裡》出版後，許多評論家都提及安德森對他的影響，說「與安德森很相似，只是不如安德森寫得好」。

海明威最恨這種論調，他想擺脫安德森的影響，而且為了區別於舍伍德的近作《渾噩的笑》而寫出《春潮的激流》。

利夫萊特退回了這部稿子。因為海明威在這篇文章裡嘲笑了包括自己朋友在內的一批美國文學界人士。海明威拿葛楚·史坦開玩笑，暗暗諷刺舍伍德·安德森，對於偉大的門肯也很失敬。

這個衝動的小子！你總不該咬那隻餵你吃的手。海明威是個蠢人，他那一本精裝書竟給他鼓起了這麼大的衝勁！

那部稿子送給了斯克里布納出版社的馬克斯威爾·帕金斯，他接受了。《春天的激流》猛烈抨擊了文學界，這正像舊時的保密雜誌抨擊好萊塢和溫恩一樣有力，猶如黃蜂刺得人疼痛一樣。

史坦一改往日的溫良，勃然大怒，罵海明威是個恩將仇報的可笑而無能，妒忌她的成功，而且不敢對付另一派文人的人。

史坦稱海明威為膽小鬼，說他「活像馬克·吐溫描寫的密西西比河中平底船上的水手」。

博奈和利夫萊特說海明威在傳播醜聞，是個陰險的作家，因為他故意寫了一本違反他們準則的書，其目的就是叫他們退稿，然後讓那個較大的斯克里布納出版社接受出版。

舍伍德·安德森的名字也不可避免地受到牽連。這個當初把海明威推薦給博奈和利夫萊特的人物，現在也淹沒在《春天的激流》之中。舍伍德這個人畢竟很有涵養，始終保持自己的尊嚴，沒有與他對擊，對海明威仍然以禮相待。舍伍德和海明威之間的關係從此蒙上了一層薄霜，他疏遠了海明威。在晚年，海明威反思了自己這次幼稚的攻擊。

返回美國定居

海明威在事業上獲得了巨大的成功，他寫的書《太陽依舊升起》成為當年度最暢銷小說，而他憑藉這本書一舉成為知名作家。

但是，海明威又是獨孤的。為了更好更真實地反映現實世界，他總是不惜得罪朋友和師長，將他們的影子融入到小說中，導致和他們的關係都緊張。

更重要的，海明威的原配妻子離開了他，他們已經離婚，哈德莉帶著孩子約翰獨自在美國生活。沒有人能夠和海明威一起分享這種飽受挫折與艱苦之後才迎來的巨大勝利。

海明威是孤獨的成功者，他迫切需要一個宣洩口。他孤身一人，又精力旺盛。他去參加賽車，他去徹夜狂飲。他是體育館裡的常客，那裡隨時都有朋友一起打拳。

海明威曾經和法國的重量級拳擊冠軍查理斯·卡彭蒂埃在那裡切磋過，並因此促進了對方拳技增長。他還去劇院看

戲，去西班牙看鬥牛。他那旺盛的精力總要找地方發洩。

而就在這個時候，一個女孩進入了海明威的視野，她叫波林·法伊芙，是《時裝》雜誌的一位作者。

波林根本談不上美，但像哈德莉一樣很聰慧，人也和氣，而且出身於有文化素養的家庭。

放蕩不羈的海明威可以與出沒於黑暗角落裡的女人一起睡覺，但是一談到正式結婚，他那良好的基本教養和家庭背景便又促使他只挑選良家婦女。

一天，波林奉派前去請海明威寫稿。她要與他接近的意圖可以覺察得到，但也並不十分鍾情。是的，她讀過他的著作，而且十分喜愛其中的某些章節。

「某些章節？」海明威有幾分沮喪地問道。

「是的，」她回答，「我喜歡你那些直截了當、句句中肯的段落。我喜歡你那些言簡意賅耐人尋味的段落。當你講得太過分的時候，我就希望你收斂。」

坦率的女人是很難遇到的。何況她又很有洞察力，語言也這麼犀利，海明威一下子就被迷住了。

波林對海明威的生活深感興趣。她定製了幾頂當時美國已經時興的鬥牛士小帽。她促進了西班牙樣式對服裝的影響，這也就是間接地表示尊重海明威對於這個國家的感情。

1927 年 5 月，海明威與波林的感情已經成熟，他再度踏上了婚姻的殿堂，同時跟隨波林改信天主教。

當海明威的離婚醜聞傳到橡樹園的時候，他的父母十分擔憂，兒子失去了哈德莉在道德方面的約束，無疑將在慫恿他惡習的天主教徒中越陷越深。

1928 年 3 月，海明威攜波林返回美國，以便為第二個兒子派翠克的出生做好安排。他們定居在佛羅里達州的西嶼，這是美國最南邊的一個小鎮。

他在這裡買了一座很大的老式木屋。那房子怡然自得地坐落在樹林中，4 月將滿是梧桐樹和黃蝴蝶樹，風景十分優美。就因為這，有的傳記作家誇大其詞，說他在西嶼的這座住宅像皇宮一樣富麗堂皇。

海明威的這次返美之旅是一段不愉快的經歷。他的妻子波林懷孕期間健康狀況不佳，兒子快要出生時差點一屍兩命，最後靠剖腹分娩救了命。

1928 年，父親愛德因為自身健康問題和債務問題，一時之間想不開，用海明威的祖父從部隊帶回來的手槍自殺身死。

這件事情對於一直都很眷戀父親的海明威來說，簡直是晴天霹靂。就在這之前，海明威還郵去給父親一封信，說他完全可以解決經濟問題，讓父親不用擔心。

可惜的是，這封信在愛德自殺 20 多分鐘後才送到家裡。海明威對自己沒有及時幫助父親而深感內疚，對在父親去世

之後他還要資助母親感到十分惱火。

十分眷念父親的海明威要為父親的自殺找一個藉口，就如同他為自己所強加的所有理由一樣，海明威追溯往事時，修改了自己童年的歷史。

在西嶼的這座大木屋裡，在兒子出世以及父親自殺的痛苦中，海明威的又一部作品醞釀成熟了。

海明威不停地寫，一個勁兒地寫，感情過於激動了就去捕魚，捕累了和衣一躺，隨船漂泊，醒來以後再去捕魚，腦子冷卻下來再繼續寫。

6 個星期他就完成了初稿，然後再慢慢潤色加工。寫這本書的時候，距離海明威在第一次世界大戰受傷已經 10 年了。

海明威的第一部長篇小說《太陽依舊升起》，描繪的是戰後的一個沒有優點可言的時期。但是這本書卻主要是自傳性作品，描繪的故事活生生脫胎於他在第一次世界大戰時期的那段故事。海明威為它取名為《戰地春夢》。

寫這本書的時候，海明威身上的傷疤已經由紫變白，戰爭的遺患已經消失淨盡。

他可以冷靜地寫那個義大利士兵，寫那個貞淑的修女的一雙紫色眼睛。中尉弗雷德里克 · 亨利和護士凱薩琳 · 芭克麗是書中的兩個年輕人，他們被捲入地獄般的戰爭漩渦之中，捲入殘酷無情的深淵。

兩人的愛情是在一所野戰醫院裡開始的，年輕的中尉也就是在那裡才得以起死回生，再次學會走路。海明威作品中的女主角凱薩琳在分娩時死去。

寫《戰地春夢》之前，海明威曾說：「我讀了所有偉大的戰爭小說。托爾斯泰、屠格涅夫、雷馬克，我怎麼能跟他們相比呢？誰也不會設想我可能同托爾斯泰先生並駕齊驅，除非我發瘋了，或者說我只是精益求精而已。」

今天，托爾斯泰的《戰爭與和平》和海明威的《戰地春夢》，都已成為經典著作。他們的共同點不是譴責參加戰爭的人，而是戰爭的種種罪惡和愚蠢。因為很多參加戰爭的人是被迫的。他們是為了自己的國家、民族，不得不作出犧牲。而戰爭本身確是充滿了血腥和罪惡。人類的任何一場戰爭都是如此，從來就沒有勝利的一方。那些表面上看起來是戰勝的一方，其實他們失去的是良心的拷問。因為每一個生命的存在都是上天賦予的，任何人都不能輕易傷害他們。

戰爭本身毫無目的，也毫無意義。死亡是生活的一部分，自殺是隨時可以採取的行動。戰爭一開始，誰也休想逃脫。犧牲只在不用犧牲的人眼裡是高尚的。

戰爭是罪惡的，它不光榮，更沒有神聖和榮譽可言；在它的身上，只有暗中痛苦的號叫、無數家庭的支離破碎。

1929 年，《戰地春夢》出版，3 個月內狂銷售 10 餘萬

冊，再次榮登當年度最暢銷圖書。海明威的名字已經家喻戶曉。身經第一次世界大戰的一代人，都要從這本書裡看一看他們的經歷，他們的下一輩也都要看一看父輩的經歷。

不僅僅是在圖書市場上獲得巨大的成功，這本書的影視版權同樣受到重視。

電影業巨頭大衛·塞爾尼茲克見了這本書如獲至寶。他按捺不住心頭的喜悅，說：「這本書具有一切吸引人的條件：有宏偉的場面，有愛情故事，有男性魅力，有戲劇情節，也有拍攝精彩背景的機會。」

為此，好萊塢為購買拍片權付出了 400 萬美元的天價，創下了當時最高的圖書影視版權價格。

塞爾尼茲克請來了當時美國最當紅的明星扮演男女主角，又找來他最信任的編劇對小說進行影視改編，反覆修改，仍然覺得不滿意。最後，影片拍攝小組乾脆親自去找海明威，徵詢他的意見。海明威與這些影視工作者之間建立了良好的友誼。

在幾方面共同的努力下，這部小說終於被搬上了螢幕，成為當年度最賣座的電影之一。

從 1928 年至 1938 年的這 10 年間，海明威夫婦一直住在佛羅里達州西嶼市自己的寓所裡，3 年後又一個兒子格雷戈里在那裡出生。

喜歡西班牙鬥牛賽

從小就跟隨父親狩獵的海明威果敢、勇猛，擅長打獵；同樣的，對於鬥牛，海明威一直深深地熱衷。

海明威第一次看到鬥牛比賽還是在與他的第一任妻子哈德莉前往歐洲定居的時候。當時輪船中途在西班牙停歇，海明威得以觀看到一場精彩的鬥牛賽，從此以後海明威就迷上了鬥牛賽。

西班牙的鬥牛歷史可追溯到 2,000 多年前，他們先是以野牛為獵獲的對象，而後拿它玩遊戲，進而將它投入戰爭。

18 世紀以前，鬥牛基本是顯示勇士殺牛的剽悍勇猛。1743 年，馬德里興建了第一個永久性的鬥牛場，鬥牛活動逐漸演變成一項民族娛樂性的體育活動。

當發瘋的猛牛低頭用鋒利的牛角向鬥牛士衝來，鬥牛士不慌不忙雙手提著斗篷做一個優美的躲閃動作，猛牛的利角擦著鬥牛士的衣角而過。這生死之際的優美一閃，讓全場的觀眾如痴如醉。

一場鬥牛由 3 個鬥牛士出場，角鬥 6 頭公牛，每人兩個回合。在西班牙，所有的鬥牛表演都安排在下午舉行。西班牙人慣有懶散拖沓的習慣，較不準時，唯一準時的事情就是觀看鬥牛比賽。

另外，鬥牛時必須陽光普照，鑒於西班牙多數地方的溫帶大陸性氣候，部分地區的地中海式氣候條件，所以只能在每年的 3 月至 11 月之間進行鬥牛比賽。

這 3 位鬥牛士各有一套助手團隊，包括 3 個花鏢手和兩個騎馬的長矛手。

觀眾對每場決戰都很難預料其結果，因為它取決於諸多因素，如鬥牛士的膽略和技巧；但也取決於出場的公牛，一些由著名牧場培養的兇猛公牛直接威脅著鬥牛士的勝利，甚至生命。

其實對於鬥牛而言，牛和鬥牛士同樣重要，因為它的受訓練程度和兇猛性關係到鬥牛士的吉凶。歷史上再出名的鬥牛士都不免戰死沙場，難逃被牛挑死的命運。

整個表演以鬥牛士入場拉開序幕，兩位前導一律 16 世紀裝束，騎著馬首先上場。他們徑直向主席就坐看臺跑去，請求他賜給牛欄的鑰匙。此時全場異常安靜，觀眾靜待這神聖又莊嚴的場面。

爾後，樂隊奏起了悠揚的鬥牛士進行曲，樂曲聲中 3 位鬥牛士各自率自己的一班人馬分三列同時上場。綢制的鬥牛士服在陽光下閃閃發光，十分耀眼。

他們擺著特有的姿勢繞場一週，隨後來到主席面前向他鞠躬致意。鬥牛士退場後，主席反手一揮，號角吹響，也就是告示牛欄大門敞開。牛飛奔而出，即鬥牛開始。以上的開始序曲部分各地有所不同，但都大同小異。

整個鬥牛過程包括引逗、長矛穿刺、上花鏢及正式鬥殺 4 個部分。

引逗是整個表演的開鑼戲。由此牛野性始發，所以由 3 個鬥牛士助手負責引逗其全場飛奔，消耗其最初的銳氣。幾個回合過去，騎馬帶甲的長矛手出場，他們用長矛頭刺扎牛背頸部，使其血管刺破，從而放血，同時為主鬥牛士開一個下劍的通道。

所騎之馬都用護甲裹住，雙眼蒙上以防膽怯。受刺後的公牛，會越發凶暴猛烈，因此長矛手稍不留神被掀翻刺傷也屢見不鮮。因此需要由 3 位助手上前引開公牛，也利長矛手退場。

長矛手完成任務後，由花鏢手徒步上場，手執一對木桿，飾以花色羽毛或紙，前端帶有金屬利鉤的花鏢，孤身一人站立場中，並引逗公牛向自己發起衝擊。

花鏢手待公牛衝上來，便迅捷將花鏢刺入其背頸部；如果刺中，利鉤會紮在牛頸背上，也會達到放血的效果。由於做出瞄準、前衝、刺入的時間很短，而且需判斷牛的衝勢，因此需要花鏢手動作乾淨俐落。

但也時常有人只能刺入一鏢，或兩鏢皆不中，即會招來滿場噓聲。但如果一次花鏢手雙鏢均插不中，可以允許其再

補刺一次；但再失手，即不會再有這樣的機會，這也會增加主鬥牛士難度。

最後手持利劍和紅布的主鬥牛士上場，開始表演一些顯示功力的引逗及閃躲動作。如胸部閃躲，即讓牛衝向直線衝向自身時，腿一側滑，牛貼身沖過；另外還有如「貝羅尼卡」，即是以紅布甩向牛的面部，以激怒引逗公牛。

貝羅尼卡原是耶穌受難時為其拂面的聖女之名，因其動作的相似性，所以命名。其他還有鬥牛士原地不動，引逗著牛圍著其身體打轉的環體閃躲等。

在最後階段，也即最後刺殺階段，也是鬥牛的高潮。鬥牛士以一把帶彎頭利劍瞄準牛的頸部，爾後既引逗牛向其衝來，自己也迎牛而上，沖上前把劍刺向牛的心臟。於是，牛會在很短的時間內應聲倒地。

刺殺是最富有技巧的，鬥牛士須將劍與眼睛齊平，踮腳，手水準下壓，發力;劍入牛身後必須抖腕使劍稍微左彎，以衝破心臟主心室，這要求很高的速度、力量和準確性。

刺殺動作分為三種。第一種是人不動而牛沖過來，這時鬥牛士在瞄準階段等都是靜態的，有利於準備、瞄準和判斷。

第二種是人動而牛不動，即在牛處在觀望的時間內，鬥牛士向前衝，邊沖邊瞄準，直至劍入牛身，這時牛也是發力向前頂，借力刺得更深。

第三種是人動牛也動，這是最難把握和最高境界的刺殺動作。即鬥牛士衝向牛，逗著牛也從一定距離衝向人，鬥牛士在運動中判斷運動中的牛的部位並準確下手。這是極其複雜和難掌握的，但如果運用得好，則牛的死亡時間最短，漂亮的甚至可能應聲倒地。

如果牛被刺後，已失鬥性，但由於劍刺得不夠深或牛足夠強壯，會暫時還不倒地而死。這時，鬥牛士或其助手會以十字劍或短劍匕首刺中牛的中樞神經部位，牛會立即倒地而死。

這時裝束著花飾的騾子車即會出場將牛拖走，鬥牛士會接受觀眾的歡呼致意；也可將帽子拋向觀眾，也接受觀眾的歡呼、掌聲和投來的鮮花。鬥牛士按刺殺水準的由低至高，分別享有保留牛耳、保留牛尾、被從正門抬出的榮譽。

身體強健、精力旺盛的海明威非常熱衷於鬥牛，甚至他自己也親自參加過鬥牛。他在潘普洛納鬥過牛，但勇敢有餘，靈活不足。他在這一行的經歷很短暫，而且是以受傷告終的。

「那頭混蛋公牛是鋼骨水泥做成的。」海明威這樣說。因為他根本沒有辦法像其他鬥牛士一樣用長矛或者利劍刺穿那極其堅硬的牛皮。他雖然勇敢過人，雖然敢於沖上去，但是因為身體笨重，很難刺中迅速奔跑的公牛。

海明威在鬥牛場上的那副模樣與其說是一個靈活的鬥牛士，不如說是一部推土機。他的嗜酒使他的體重增加，呼吸急促。他比牛還要笨重，他跑來跑去累得渾身是汗，忙半天卻根本不是牛的對手。

但是海明威總算有了感覺上的體驗，看到了一噸重的黑公牛猛撲下來的凶相，看到了滴出黏液的牛嘴和鼻孔以及野蠻地用蹄子扒沙的情景，也聽到了牛受傷時的陣陣叫聲。

鬥牛迷欽佩之至，也就在這個時候，又一部作品在海明威的頭腦中醞釀完成了。

任何一個拉丁國家的人，只要星期日常常去看鬥牛，只要細心觀察過鬥牛士的成長、風格和變化無窮的技術，都會直言不諱地說，美國人不應該試圖寫鬥牛。

以鬥牛為題材的電影給墨西哥人和西班牙人看了總是笑到肚子痛，因為錯誤百出，不確切，外行。這恰像讓一個天生的瞎子來描繪日落景象。

海明威意識到了他的難題，所以認真對待這次寫作。除了自己那次失敗的鬥牛經驗，海明威又去觀看了很多場當時西班牙著名鬥牛士的鬥牛賽。

「生活與鬥牛差不多，不是你戰勝牛，就是牛挑死你。」海明威這樣說。

經過長時間的沉澱，海明威的又一部力作《死於午後》出版了，這本書成了一本鬥牛指南和手冊。

在非洲大草原狩獵

海明威是一位閒不住的人，他嚮往驚險、刺激的生活，不管是在什麼時候，哪裡有熱情，哪裡就有海明威。

海明威剛剛寫完《死於午後》，他的注意力又馬上從西班牙轉移到了非洲大草原，海明威試圖在非洲進行一次暢快的狩獵之旅。

打獵，這是海明威從兒童時期就養成的習慣。在他 10 歲的時候，就陪同在父親的身邊，在密西根州的叢林中狩獵。

而現在，父親早已經過世，海明威自己也成了幾個孩子的父親。海明威想要將這一好獵的家風延傳下去，可惜的是他的孩子才四五歲，年紀太小。

但是海明威的心已經活躍了起來，他嚮往非洲的天然獵場，那裡有的是獵物，或者是獵手。

獵豹、獅子、蟒蛇、野狗，這些自然界的天然獵手們在海明威的眼中無疑就是天然的獵物，海明威喜歡它們，喜歡與它們之間展開的殊死搏鬥。

在西嶼的 10 年，是海明威一生中最愉快的一段日子。在這段時間中，他作為漁夫、專打猛獸的人，得到承認的作家以及西嶼最受尊敬的公民，日子過得非常愉快。

他們家的大木屋裡經常是高朋滿座，有請來的嘉賓，也有不速之客；有無神論作家，也有天主教神父；有體力衰竭

的鬥牛士，也有在酒館裡結識的某個朋友。

冰箱裡放滿了啤酒，食品間裡盡是烈性威士忌。海明威隨時歡迎各式各樣的朋友的到來。

海明威的心很寬，他迫切地想要到非洲大草原上狩獵。他手中的獵槍已經在「嗚嗚」作響，他的心已經在急遽地跳動。

海明威給他的老搭檔、斯克里布納出版公司的主編帕金斯寫了一封信，說明他近期要去非洲狩獵的想法。

帕金斯已經為海明威出了好幾本書，對於海明威的性格，他十分了解，他也清楚作家只有在真實的環境中才能寫出更加深刻的作品。

帕金斯鼓勵海明威去做這次非洲之行，希望他根據此行寫出一部從中可以聞到、可以嘗到、可以感覺到真實的原始生活的作品。

為了表示最大誠意地支持海明威的非洲之旅，帕金斯甚至提前給海明威寄來了一筆預付稿酬。這可真是天大的信任！海明威的新書都還沒有構思書寫，就提前支付稿酬，可見帕金斯對於海明威的信任達到了一種什麼樣的程度。

海明威一行人浩浩蕩蕩地到了非洲大草原，領略了一番別樣的異國情調。

這時正碰上大群野獸遷徙，遍地都是，起碼有 30,000 多頭，有羚羊、大羚羊、紅羚羊、瞪羚、豹子、獵豹、野狗，還有被稱為獸中之王的獅子。

僅僅在第一個星期，他們就發現了 48 隻獅子，還打死了 4 隻。至於羚羊之類的野獸，他們不費吹灰之力就捕了不少，光海明威一人就打死了 35 隻野狗。

這個旅行隊裡有黑皮膚的當地人做嚮導，還有經驗豐富的白人獵手當助手，穆科拉和查德就是其中的兩個。

以自然界的獵手作為自己的目標獵物，那肯定就是在生與死之間不斷掙扎。獅子、獵豹這些可都是窮凶極惡的肉食性動物，不會眼睜睜地趴在那裡等你開槍。

與它們為伴，在做好打死它們的同時，同樣也要做好被它們反咬一口的心理準備。

「砰！砰！」兩聲槍響，海明威準確有力地開槍，一隻大雄獅倒在地上死了。

然而還沒等海明威表達出勝利的喜悅，又一隻獅子威武雄壯地猛衝了過來。

海明威渾身直冒冷汗，心想這下完了。可是那隻獅子還沒有沖到眼前，伴隨著幾聲槍響，就轟然倒地了。

原來是穆科拉的槍口一直對著那頭黃褐色的野獸，看見它沖到海明威眼前了他才精確地開槍。

「嗨，夥計，你又救了我一命。」驚魂未定的海明威拍了拍穆科拉的肩膀，友善地感激道。

海明威受到過鱗皮犀牛的襲擊。還有兩頭「巨大的、畸

形的、古代猛獸似的、滿身扁虱的」大象以雷霆萬鈞之勢向他們撲來。一頭骯髒的野牛，險些撲住海明威。

但是即便是充滿危機，海明威還是一如既往地興致勃勃。他不但是在邊緣地帶狩獵，還深入非洲大陸，直達雅倫戈羅火山以南的裂谷省和馬尼亞拉湖地區。

海明威的這次非洲之行碩果纍纍。他不僅獵到了獅子、獵豹，還有許多大大小小的野獸，更為關鍵的是，海明威因此寫出了《非洲的青山》、《吉力馬札羅山的雪》和《弗朗西斯·麥康伯短暫的幸福生活》等膾炙人口的作品。

當訪客問起這段經歷的時候，海明威一臉陶醉地說：「我愛非洲，我喜歡那個地方。一個人在自己出生地以外的某個地方覺得很自在，就該到那個地方去。那地方有的是獵物，鳥兒多。而且我喜歡當地的人。我可以打獵和捕魚。以後要是有機會，我肯定還會再去。」

快艇「拜勒號」

海明威從非洲大陸回來了，他帶回來了一筆豐碩的成果。非洲大陸的異國情調，讓海明威十分陶醉。

非洲之旅讓海明威那一向渴求新經歷新刺激的意願得到了暫時的滿足，返回西嶼之後，他依然滿懷追憶之情與思念之苦。

雖然海明威身在打字機旁工作，但是他的心已飛越重洋，回到那青青的群山和灰赤的原野去了。

不過他的歸來使波林和兩個孩子興高采烈，孩子們對於異國風光問個不停，這更使他特別快活。

「爸爸，非洲遠不遠？」一個孩子問。

「爸爸，非洲有從這裡到紐約遠嗎？」另一個問。

「非洲好玩嗎？」

「爸爸，我看到你帶回來的象牙了，大象很大嗎？」

「有老虎嗎？有獅子嗎？」

「爸爸，我聽說草原上有豹，最厲害了，是不是真的？」

純真而又好奇的孩子們的問題像連珠炮地向他射來。海明威覺得他有責任和義務滿足孩子們的好奇心。

對於孩子們的疑問他一一做了回答。可以想像，當海明威神氣活現地把一樁樁探險故事添油加醋地講給孩子們聽的時候，孩子們臉上的表情該有多麼的驚奇。

海明威還有應盡的義務和責任，許多朋友有求於他，他也難以拒絕。出版商也急不可待地向他要新作，為了滿足他的老讀者，海明威還需要不停地寫作。

海明威生活奔放，豐富多彩，他既划船又豪飲，既打牌又寫書。現在，他又迷上了一個新寵。海明威按照他自己的要求定製了一艘快艇，帶臥艙，取名「拜勒號」。

海明威十分熱愛這條船，所以在後來寫的《戰地鐘聲》中，便給最堅強的一個人物取名為拜勒。在「拜勒號」快艇上，海明威多次參加捕魚比賽並占鰲頭。他每逢心緒不寧時便到體育館參加拳擊。

在一次倉促的蒙大拿狩獵之行中，他還獲得野鴨獵手的聲譽。海明威喜歡大海，因為海上自有更加有趣的事物，絢爛的色彩，有大魚和萬物的生存競爭。

作為一個丈夫，海明威的小天地變得太有限了。波林成天對他嘮叨，說孩子們眼看要長大了，要多考慮他們的需求。

海明威有時親熱地拍拍女招待的屁股，波林看了很厭惡。有時一位在他家過週末的老朋友和波林吻別，他也會責怪她不該如此，波林聽了又大發雷霆。

漂亮的妻子對丈夫的放蕩生活感到厭倦，而這位作為丈夫的作家又因受到約束而感到窒息。波林總是要疲於接待那些不速之客和應邀而來的貴賓。其中有些生活不檢點的女記者，他們總是賴著不走，和丈夫打得火熱。

波林討厭海明威那些有錢的朋友，更加厭惡那些前來借錢的窮人。家裡的瘋狂氣氛讓她窒息，即便是僱用女傭前來幫忙，可是女傭也在因為受不了這種氛圍而辭職。

波林每天都要強裝笑容地侍奉丈夫前去捕魚，或者聽他的鍵盤劈啪作響。但是丈夫一點都不體貼，相反，還像凶神惡煞一樣專橫。海明威對於他那些所謂的朋友關懷備至，但是對於波林卻漠不關心，就如同對於世界上形成的各種大事也都不聞不問一樣。

海明威都不曾關注到，因為他的放蕩不羈和蠻橫，他與波林之間的婚姻已經悄然產生了裂縫。「拜勒號」成了他所愛的「女人」。快艇的飄搖成了他擺脫失眠的良方妙藥。

這一天，海明威又準備去下海。他在碼頭上遇到一個眼神柔和的小青年。海明威認識他，這青年叫喬西，生得矮小而清瘦，卻十分強壯有力，是個釣魚能手。

「海明威先生，」那青年主動上前搭話，「又出海去呀？」

「是的。」海明威說。

「我去幫你好嗎？」

「行呀。」

於是，喬西上了「拜勒號」。

他們一起釣魚，一起吃飯，一起睡覺。喬西像個畜牧之神，睡在海明威腳邊。

他們又釣了整整一天魚。

海明威把他捕到的 3 條馬林魚，還有他和喬西用木棍打死的 5 條鯊魚送上岸去，然後他兩個在充滿魚腥味的船艙中躺下。

「拜勒號」拋了錨，在水面上緩緩搖動，天上新月如鉤。海明威醒了。沒想到喬西這時已經溜過來，像蛇一樣盤在他身上親熱地擁抱他。

「你這雜種，你這滿身是虱的骯髒小雜種。」海明威把那個年輕人抓起來，用雙手把他舉過頭頂，「撲通」一聲拋進水裡。他在褲子上擦了擦手，又回到便鋪上睡覺去了。

船上另外三個人被喬西落水的響聲驚醒，看他游到海岸邊。他們一言不發，回到甲板上的繩索卷盤上休息去了。

從此，喬西在西嶼臭名昭著。誰都知道他是個同性戀者，誰都不理睬他。不過他還是鬼鬼祟祟地溜來溜去，一看見海明威，就像條可憐的癩皮狗跑過來搖尾乞憐。可是，只要海明威看見他跟在後面，就會回頭一腳，把他踢翻在地。

海明威在比米尼島附近第一次捕到一條真正的金槍魚，一條重達 140 公斤而不曾受傷的金槍魚。這樣的魚被釣起來，還是第一次。

釣魚的成功使他忘乎所以，在以釣魚為業的人中間大誇海口。他們也承認他的本領，但不想看他那種自命不凡的神氣。

為了追求刺激，海明威自擺擂臺，說是比米尼島有誰能和他打上 4 個回合拳擊比賽，即可得到 200 美元的報酬。

這獎金挺誘惑人的。

當地的一名漁夫和他較量了一番，敗下陣來。一個甘蔗工和他剛一交上手，就兩腳朝天一個跟頭跌昏過去。

著名的英國重量級拳擊冠軍湯姆·希尼正在比米尼島避暑，他接受了這個挑戰。拳擊場就設在海灘上。

這是比米尼少有的盛會。人門傾巢而出，頑童、瘦狗、幾隻餓貓、貼在母親胸前的嬰孩和許多成年男子，都要看看這場精彩的拳擊。海明威精神抖擻，準備奪魁。

希尼打了幾個回合之後呻吟說：「我們算了吧！我們在這裡打，什麼東西也得不到，沒有獎賞也就沒有刺激，別打了。」

海明威直起身子，縮回了略感疼痛的手臂，說道：「這次我打得好開心。本來我在第七個回合就可以把你打敗，到第九回合你就得賠上性命。你說不打就不打了吧。遇上一個厲害的高手，打起來真過癮。」

海明威心滿意足地回到西嶼，寫完了他的小說《有錢人和沒錢人》。

這是海明威最不成功的作品，讀者和他本人都不滿意。即便如此，這本書卻使海明威這位孤立主義者懂得了「在現代世界上，誰也不能孤獨地有所作為」的道理。

這對於一向桀驁不馴的海明威來說，真可謂是一大進步。

參加西班牙內戰

海明威所指明的迷惘的一代是不幸的一代，他們剛剛從第一次世界大戰的創傷中走出來，卻不想第二次世界大戰的硝煙已經點燃。

就在海明威還駕駛著他那艘最喜歡的「拜勒號」在海上與鯊魚為伍的時候，世界局勢也在發生急遽的變化。

西班牙發生了內戰。一場反法西斯統治的戰爭突然之間就爆發了，而這，也正是第二次世界大戰的先聲和演習場。而現在，內戰使海明威所熱愛的國家徹底分裂，血流成河。

西班牙內戰在早期階段看來像是一次起事、一次叛亂，但是海明威深刻理解西班牙，他準確地預言說，這將是一場長期的血腥屠殺。

西班牙的兄妹們正在佛朗哥這個劊子手的屠刀下忍受著煎熬，他們被列隊執行槍決，採用的是不分青紅皂白的抽籤方式——報數！

執刑官喊：「一二報數！」

「一、二，一、二，一、二……」

「數二的上前一步！」

於是，他們被帶到牆邊，士兵們舉起槍，對著他們的腦袋就是一陣狂射。

槍彈齊發，報數「二」的都倒了下去，他們無名無姓也無罪，只因為報的數是該死的「二」。

西班牙，海明威所熱愛的西班牙正在遭受宰割。海明威萬分不忍。這大概是他第一次深刻體會到人類的苦難。

海明威體會到的不是貧困和經濟蕭條，也不是作為一種崇高事情的愛，他是看到了他所熱愛的人民的涕淚，看到了大教堂炸成瓦礫堆，鬥牛場變成廢墟，粗獷的美化為一片荒涼。

從某種意義上來說，這也是一種鬥牛，是另一種形式的鬥牛。這是兄弟相鬥，牛與牛鬥；還有貪婪的列強相助，他們把西班牙當做第二次世界大戰揭幕前顯示各自軍事力量的彩排場所。

美國、法國和英國宣布武器禁運，並大寫其措辭文雅的外交函件表示抗議，企圖在剛剛目睹衣索比亞遭到蹂躪的世界上保持秩序。

海明威當上了美國民主西班牙之友醫務局救護委員會主席。他借得 40,000 美元為西班牙政府軍購置了一批戰地救護車。

海明威在紐約的卡內基大會堂對濟濟一堂的聽眾發表了慷慨激昂的演說。

「女士們，先生們，西班牙在流血！法西斯暴徒正在那裡分裂那個可愛的國家。為民主而戰的勇士們需要我們伸出援助的雙手！」

海明威以駐外記者的身分到西班牙為《北美報》採訪新聞。他在短期內還清債務之後便急不可待地要參加戰鬥。

1939 年馬德里不幸陷落之前，海明威一直像在義大利時一樣，作為士兵參加戰鬥。如同年輕時作戰地記者時一樣，他總是爭取到戰鬥最激烈的地方去。

海明威並不孤獨，其他國家也有成千上萬的人志願參戰。他們算不上正式的士兵，稱為游擊隊更合適。

海明威堅定地站在西班牙政府軍一方。這支軍隊雖然是為民主而戰，卻無法從任何一個民主國家買到槍支。他們在孤立無援的情況下對佛朗哥作戰，只有蘇聯願意幫助他們。

海明威的報導充滿戰爭前線的氣息。這些報導都是在戰場上發出的，在電臺上一廣播，全世界都聽到他的見聞。

海明威走遍了彈痕纍纍的鄉村街道，拍下了已死的和垂死者的照片，也拍下了馬德里人血肉模糊的屍體。那場景彷彿就是名畫家戈雅的《戰爭的災難》展現在他眼前。他好不容易才控制住自己沒有嘔吐。

這時西嶼成了海明威舊日的夢境，波林像是某個銀幕影像。他完全陶醉在戰鬥中，彷彿生活在另一個世界上。

海明威和游擊隊員們一起啃堅硬的玉米餅，一起喝酸奶。他和他們一起摸爬滾打，出沒在馬德里以南和以北的山區。

他們的戰鬥就是他的戰鬥，他們的自由就是他的自由，他們的犧牲也就是他的犧牲。

海明威頭戴編織的絨線帽，學會了製造酒瓶手榴彈。他把炸藥裝進空酒瓶裡，對準進攻的敵人投去。這方法還真見效。這種製造酒瓶手榴彈的方法是一個叫帕布羅的朋友教他的。

海明威還組織一些暗中活動的游擊隊伏擊小組，長時間潛伏於深山老林之中，伺機出擊。

游擊隊炸毀橋樑以牽製法西斯軍隊的前進時，海明威正和他們在一起。他幫助他們點火藥線炸翻列車，把木偶般的屍體拋向空中。他看到身穿整潔軍服、滿臉傷疤的納粹和法西斯軍官下令槍殺他的朋友。

海明威再次受傷，旋又復原。然而更糟的是，他看到那情景心裡難受，為世界各國都沒有來援助這些為民主而戰的英勇男女而感到十分氣憤。

各國外交官雖然通過了一次又一次決議，民主還是遭到了扼殺。納粹海軍炮擊西班牙城市，墨索里尼的飛機轟鳴在天空，以保衛法西斯榮譽為名殺害婦女和兒童。

美國、法國和英國的國會或議會不斷發表演說，但是他們的中立立場和無所作為終於葬送了一個民主政府。

第十一旅和第十二旅是海明威主要活動中心。

第十一旅由具有強烈的反希特勒意識的共產黨人組成，醫官凡納·海爾布倫負責指揮這支部隊。他犧牲以後，海明威把短篇小說《西班牙土地》的稿費支票匯給海爾布倫的遺孀。

第十二旅的旅長名叫盧卡茲，人們都稱他盧卡茲將軍，是個匈牙利人，來西班牙志願參戰的，也在一次戰鬥中為西班牙捐了軀。而他犧牲前卻仍然怒吼著：「把公牛放出來！」

這種由拙劣的騎馬鬥牛士。更拙劣的助手和屠夫而非真正的鬥牛士來下手的殘殺，令人難以忍受。

後來，海明威把他在西班牙內戰期間的經歷和見聞寫進了他的《戰地鐘聲》。

《戰地鐘聲》是文學史上最偉大的戰爭小說之一。海明威對於其中的心理付之一笑，他還毫不隱晦地說，書中那位在熟悉的國土上作戰的外來戰士喬丹正是他自己。

《戰地鐘聲》一直被認為是一部游擊戰爭的真實寫照，美國、波蘭、捷克、法國、德國、蘇聯、以色列乃至古巴的軍隊都把它作為訓練敵後游擊戰和突擊戰人員的必讀手冊，而不把它當成小說。

西班牙政府曾經請海明威出面向美國總統羅斯福求援，並勸說法國政府參戰。海明威盡了力，但是沒有成功。他們害怕自己的加入把西班牙內戰變成世界大戰。海明威離開了山區和平原的各個游擊隊組織，來到馬德里。在這個城市被圍攻的兩年之久的時間裡，他一直堅守在這裡。他一邊寫急報，一邊訓練衣衫襤褸的新兵。西班牙共和政府崩潰時他十分痛心。

海明威蓄著濃密的小鬍子，外貌很英俊，即使因工作需要而戴上眼鏡也還是儀表堂堂。大家了解他、崇拜他，稱他為「將軍」。

在他那淒涼的房間裡經常擠滿了跑來的貓，無家可歸的兒童和傷心過度而迷了路的老婦人。從前富有的鬥牛士，如今也在挨餓，找他幫忙。

西班牙戰爭中死亡和鬥牛場上的死亡不一樣。巴塞羅那和馬德里這兩個城市陷落之前，街道就被砲彈炸得坑坑窪窪，迫擊砲彈和大砲砲彈以及空襲日夜不停，成了常規。

墨索里尼派出的空軍不斷從雲端裡往下面的馬德里扔炸彈和燃燒彈。而進行殊死抵抗的西班牙共和軍用的還是炸藥加步槍，就像長矛和弓箭擋不住毒氣彈一樣。

在馬德里垂死掙扎的時候，國際聯盟的各個委員會又通過了一些決議，印發了一些抗議書和文件，結果都被扔到各個政府機關的廢紙簍裡。

結局是注定了的，就如海明威的小說一樣，只能完蛋。經過兩年的艱苦抵抗之後，馬德里終於陷落了。西班牙的民主完蛋了，戰事也就結束了。

佛朗哥是個鬥牛士，他的最後一次衝刺把鮮血淋漓的西班牙刺死的沙地上。

當然，佛朗哥這個獨裁者在後來的歷史中要比他的敵人所預料的好些。他和所有的納粹都鬧翻了，與墨索里尼和希特勒的關係交惡，第二次世界大戰中也拒絕參加他們一邊。

從這點上來說，他無疑作出了一項歷史上最明智的選擇。但是他又是一個獨裁統治者，在他統治西班牙的時候不允許自由選舉，不許有反對黨，也不許真正的民主存在。

海明威像難民一樣越過庇里牛斯山，逃離了西班牙，逃進了相對安全的法國。

海明威所熱愛的國家西班牙徹底在他的生活中畫上了句號。海明威從此再也沒有機會回到這個國家觀看精彩的鬥牛，他為此痛惜不已，卻又無可奈何。

戰爭磨練

一個人並不是生來要被打敗的。你盡可以消滅他，可就是打不敗他。

——海明威

喪鐘為誰而鳴

西班牙戰爭已經結束，但是海明威卻欲罷不能，往事的幽靈時時繚繞在心頭，讓他夜夜失眠。

海明威帶著傷痕纍纍的舊疤痕和滿是槍眼的新疤痕回到了西嶼。但是這一次回來，有些東西已經變了。

海明威又一次做了失敗的丈夫，當他的兩個孩子正在成長的時候，當他的妻子正需要他關懷的時候，他拋下了他們，獨自一個人上了戰場。

等海明威從戰場回來，兩個兒子長大了，而妻子也成了路人。1940 年，他們的婚姻正式結束。法院以遺棄妻子的理由給以終判。

早在西嶼定居的時候，波林就已經明白，她不可能做到海明威心中理想的伴侶。

波林也是人，還是海明威的妻子，她不可能同時身分三處，既要在他的前面，又要在他旁邊，還要在他的後邊。

早在巴黎流亡期間，荷蘭著名電影導演約裡斯·伊文斯找到海明威，根據他提供的材料和意見，拍攝了關於西班牙內戰的紀錄片。

影片首先為美國總統羅斯福專場放映，然後再送到各個電影院公開放映，呼籲大家為民主西班牙挨餓的男女老幼募捐食物。

觀眾們看到無辜民眾慘遭屠殺的場面，看到許多老百姓挨餓的慘狀，也看到了政府軍奮力抵抗的場面。他們的確受到感動。他們捐贈了許多錢和食物，但是他們沒有捐贈武器。

「因缺少一顆釘子，整隻皮鞋就毀了……」單靠食物和衷心祝願是打不贏仗的，於是取勝成為空談，於是一切化為烏有。

在馬德里，海明威住的旅館被 30 枚炸彈炸毀期間，他寫了一個劇本《第五縱隊》。這齣戲在紐約上演時，只贏得了一般的喝彩。

因為劇本的寫成距離事件發生的時間太近，臺詞聽起來像廉價的宣傳，像是膚淺的博取同情的呼聲，既天真又太富於感情。

海明威並不因此而氣餒。他承認，寫這個作品的時候他沒有給自己充分的時間來體會情感以及為劇本潤色加工。

海明威的另一篇作品就大不一樣了。那本叫《戰地鐘聲》的小說一出版就猶如晴天霹靂，佛朗哥的追隨者們對這本小說恨得咬牙切齒，憤怒之情溢於言表。

他們說，佛朗哥是個了不起的偉人，所以他領導的戰爭才取得了勝利，海明威把他扭曲了。

有的共和黨人也對他表示不滿，因為海明威在小說中也描寫了共和黨人內部的混亂狀況。

就因為這本小說，多年來，佛朗哥都不許海明威再次踏入西班牙。

海明威用 18 個月寫成《戰地鐘聲》。有很多事情要寫，並且要寫得準確，就像對人談話時要讓他們聽懂。

海明威是在哈瓦那一個叫兩大陸旅館的五樓的一個房間裡完成這篇書稿的。書稿完成後，他鬆了口氣，倒了一大杯水，抓起一塊麵包，邊吃邊說：「我寫進書中的不是西班牙內戰，而是我 18 年來所了解的有關西班牙的一切。」

第二天他就把這部新作裝進公文包，起程前往紐約。車過邁阿密以後，空氣調節設備出了故障，他只得在高溫中校訂《戰地鐘聲》。

到達紐約時他的書已經校訂完畢，可以付印了，他住下來，連續 96 小時不停地看校樣，然後才用他那有力而審慎的手筆簽名付印。

海明威從來就不能理解政治權力形成的錯綜複雜的大混亂，他看到的和描寫的只是人間悲劇。

海明威讓他的書中人物熬過革命的徒勞無益的時期……熬過勇敢和自豪的西班牙人民在苦難中遭到的絕望和叛賣。他的朋友是一次大規模戰爭賭博中的犧牲品。

海明威把西班牙描寫成了一名貴婦，她失去了偽裝，赤裸裸地遭到了集權大國的出賣和蹂躪。

海明威苦思冥想，終於讓他想明白了，偉大的思想家馬克思錯了，偉大的領袖史達林也錯了，麻痺人民的毒品並不單是宗教，還有許多藥劑、鴉片劑之類的毒品能夠麻痺人民的心靈。

「是的，音樂就是眾人的鴉片，酒當然是眾人的最有效的鴉片。啊！極好的鴉片。除了這些，如果說有什麼鴉片的話，賭博也是眾人的鴉片，並且是最古老的一種。野心，還有對任何類型的新政府的信仰，這其實也是一種鴉片。」

海明威想明白了這個道理，可惜已經太晚了，西班牙已經被法西斯組織統治，甚至不只是西班牙，整個世界都已經籠罩在戰爭的烏雲下。誰也不知道，什麼時候會雷電交加。

在中國度過蜜月

海明威從小就出生在良好的家庭氛圍中，這讓他在選擇配偶的時候只能挑選身世良好的女孩。

當他和波林離婚之後，不甘寂寞的海明威又閃電般和一個女孩結了婚。

這一次的新娘叫瑪莎·蓋爾荷恩，是一個很有才華的作家。在此之前，他們曾經在西嶼和紐約見過面。

當時，蓋爾荷恩曾作為《柯里爾》雜誌的代表拜訪過海明威，後來他們又在西班牙相遇。或許就是這種對西班牙的熱愛促成了他兩個的結合。

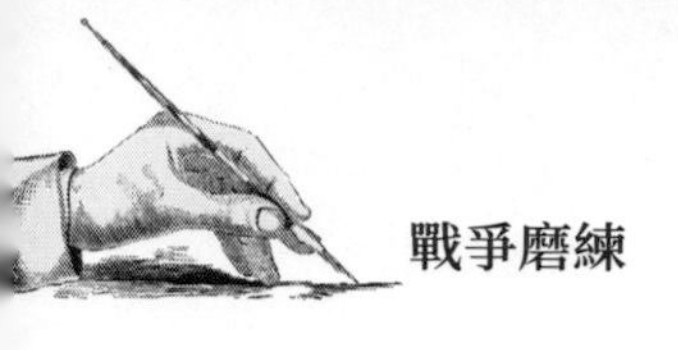

這一次，海明威與新婚妻子來到了中國，度過了他們的蜜月。

這時，世界大戰已經醞釀成熟，歐洲戰場上濃雲密布，就像一個火藥桶一般，隨時都可能點燃戰爭的炮火。

而一直以來都是半殖民地的中國這個時候正遭受著東邊惡鄰日本帝國主義的侵略，抗日戰爭處於最困難的階段。

海明威的這次中國之行深入各地進行採訪，讚揚了中國民眾的抗日熱情，海明威在《午報》上先後發表了多篇報導，如實地反映了中國的抗戰形勢，表達了他對中國的同情和支持。

海明威看到了日本帝國主義的危險苗頭，他向美國政府寫信說，要求美國明確地向蔣介石表明，不支持中國打內戰，而要一致對外，將日本帝國主義打垮。

海明威夫婦兩個離開重慶去仰光時，中國有 9 個抗日團體聯合舉行了盛大的歡送會為他們送行。

出席歡送會的嘉賓有 300 多位。盛大而隆重的歡送會令海明威激動萬分，不知說什麼好，口裡直說：「太奇妙了！太奇妙了！」

海明威與新娘從中國歸來，他需要有時間休息一下，以便把經歷中的精華提煉出來。因為古巴在精神上最接近西班牙，所以他和瑪莎就在這裡定居下來。

瑪莎和海明威搬進聖弗朗西斯科德波拉的一座稱為「瞭望山莊」的百年老屋。

這是一座細而高的白色多層建築，面對海上吹來的風，像一座矩形高塔聳立在山林之中，離斯洛破‧喬埃大旅館和民族宮有半小時的汽車路程，若從海灣和飄蕩在海浪上的船舶上來只需 15 分鐘。海明威就定居在這片田莊上。

瞭望山莊是座大房子，拔地而起，卻占地不多。花磚地板經常由女僕擦洗得清潔光亮。

大花園裡群芳鬥妍，樹木繁茂，有棕櫚、番石榴、木瓜，一兩棵大撞樹和紫茉莉，極樂鳥在園裡歌唱，一批園丁在這裡悉心護養。大膽的小麻雀竟敢向這裡的 18 隻貓無端挑釁。貓吃得肥頭大耳，也就無意追逐麻雀了，卻常常和狗一起睡覺。

起居室寬敞舒適，陳設不拘一格。地板上鋪了一條草蓆，上面再鋪地氈。椅子一反熱帶風格，全都裝得鼓膨膨的，墊得很厚，還配上印花布套。

在愛達荷州獵到的野鹿的頭顱製成標本掛在室內，那呆板的眼睛盯住畢卡索的一幅畫。一隻羚羊的頭部從敞開的餐室門口露出笑臉。大扇的法國式的房門經常敞開迎接賓客，門裡簾幕低垂，擋住熱帶夜間昆蟲。

田莊上還建起了一個網球場、一個游泳池和一個拳擊

場。他心愛的「拜勒號」快艇就停泊在摩洛堡炮臺附近，隨時供他使用。

家中有個汽車司機、一名廚師，還有一群女傭、男僕以及他們的幫手。

建築物的樓下還有一個很大的藏書室，共有 4,643 冊藏書。這些書除了《名人錄》以外，海明威全讀過。他空閒時每天要看 3 本書。每當讀到一本他喜歡的，他就會去再買上幾本贈給朋友。

「這本書你真得好好讀一讀，這是一本極好的書，我甚至希望它是我寫的。」

海明威的寫作習慣是獨一無二的。他手拿鉛筆，站在建築師的繪圖板前寫東西。這是和其他從事文學創作的作家不同的，不是他不喜歡使用正常的書桌或者寫字臺寫作，而是因為他身體的原因，他不能那樣做。

1930 年，海明威遇到車禍傷了右手和右臂之後，醫師就建議他在傾斜的板面上工作。因為稍微傾斜的平面可以讓他受傷的手臂在寫字的時候不受那麼大的壓力，也因此不會受到更進一步的傷害。

「這是一個第一流的好主意。」海明威經過一些實習之後說，「老式鉛筆使你必須放慢速度，你覺得似乎是在用文字繪畫。鉛筆的另一端也很有用，可以擦去後以修飾，選擇恰當的詞語。」

不過他寫對話的時候都是用打字機打的，因為這樣能使他的思路更加敏捷，加快步伐跟上他頭腦裡的思維速度。

田莊的周圍環用籬笆，把那些好奇的或不受歡迎的人擋在外面。但是大門隨時為朋友敞開，來訪的朋友也的確不少。

3杯馬丁尼酒或者甜燒酒下肚以後他就會伸開雙腿，擱到腳凳上，自顧自嘮叨起來。

「見鬼，真的，我一定要好好寫，要寫出最好的作品來。我本來能夠像我父親一樣，當一個好醫生，一個極好的醫生，要不然也會當個出色的工程師或能幹的海軍軍官。要是我選擇這些職業，我也準能做好。

「榮譽和金錢當然令人喜歡，但是，就是沒有這兩樣東西，我照樣要寫書。這是我命中注定的。」

海明威還是一如以往地奮鬥在他的思想戰線上，腦海中形成了什麼樣的構思，就大膽地用筆將它們寫下來。這個習慣一直到老都沒有改變過。

在古巴的悠閒生活

海明威是一個天生的美食家，既貪吃又講究。以前他小時候母親就很好地照顧到他這方面的要求。

而現在，海明威功成名就，他有的是金錢和時間來揮霍。他最愛吃的是西班牙和古巴的飯菜，比如用剛捕撈上來的鮮魚製作的魚片嫩雞薄片、肉菜飯、鄉下濃湯和外加一碟薄荷香料的豬肉團。

海明威每次提起來就讚不絕口，還隨時準備把自己最喜歡的烹調方法介紹給其他人。

在瞭望別墅，海明威就是至高無上的君王，這裡的女傭和妻子都要聽從他的指令。對於吃飯，海明威自然也定下來自己的一套規矩。

吃飯的時候，妻子瑪莎屆時拿起手鈴一搖，古巴女僕便聞聲而至，每人端來一道菜。

「這樣才過癮，哈哈。」海明威提起他的這套規矩的時候如是說道。

海明威是一個謹慎的傢伙，因為第一部書稿的丟失，所以以後他對於自己的稿件特別謹慎。他將自己沒有發表的作品以原稿的形式存放在一個國家，又以縮微膠卷的形式存放在另一個國家。

「這樣，我的小說稿就不會像第一部那樣失落了。」想到這一招的得意之處，海明威不禁發出一陣陣笑聲。

但是海明威又無事自憂，對稅制大發牢騷。他認為捐稅不但麻煩，而且侵害了他的既得利益。

海明威甚至還給他的子女準備好了遺產，他說：「我遺留給妻子兒女的證券，是我那幾部未出版的作品。」

雖然海明威和瑪莎都明白，他們的婚姻行將破裂，但是，他們共同生活的幾年間，家庭內外依然充滿了歡樂的氣氛。瞭望田莊總是賓客滿座，談笑風生，興奮而又愉快。

海明威還常常帶著瑪莎乘快艇做海上航行，聽海風呼嘯，看狂濤翻滾，別是一番樂趣。要麼他就帶著她去深海捕魚，捕馬林魚、金槍魚，弄得本來十分整潔的「拜勒號」到處都是魚腥味。再不就是帶她去看鬥牛或者打回力球。

看鬥雞是一樁重要的事，海明威全家，包括他的愛爾蘭祕書，都要列隊進入小小的鬥雞場。鬥雞場裡面成群的古巴人在打賭、喧譁，十分激動，偶爾還會有一些前來觀看，大多是看得目瞪口呆的遊客。

海明威來看鬥雞，總免不了帶上用稻草綁好的一罐酒。

看鬥雞，則肯定會下注賭錢，古巴人會下賭注，海明威也一樣。他看準了那隻黑色的公雞，將手中的錢全部押了上去。

鬥雞比賽又開始了。場內一片沸騰，一片喧嚷。

「啄呀！啄呀！」

「啄頸部！啄頸部！」

「啄頭！」

「啄死牠！啄死牠！」

不懂人語的兩隻鬥雞拍打著翅膀迅猛地向對手衝去，啄、咬、撕、打，一旦咬住，就死死不放。

那是個極度刺激的時刻。

那隻黑羽毛的威武的公雞迅速而又猛烈地鬥敗了對手。海明威十分高興。他熱烈鼓掌，收齊贏得的賭注，捧起酒瓶痛飲一陣。

一個穿得很臃腫的美國女遊客厭惡地瞧瞧他，然後她生氣地挺起胸膛說：「海明威先生，你竟然也幹出這種事來！你一直在喝酒。」

海明威抹去鬍子上的紅酒漬。

「太太」，他說，「你真難看。」

她的胸膛又挺高了些。

「海明威先生，你真喝醉了！」

海明威放下酒罐，用一隻眼睛打量她。「太太，那是可能的。不過明天我就會清醒的。」

海明威來看鬥雞實際上等於是給來看鬥雞的古巴人增添了一個節目。他們倒不是因為他是名作家而另眼相看，也不是對他愛好運動而感興趣，而是因為他們欣賞他看鬥雞時的神情。

海明威看到鬥雞拍動翅膀，用富有戰鬥力的鋒利而帶血的雞喙迅猛撕鬥時那種入迷的模樣，使他們見了高興。而且，他和他們朋友相稱，絲毫沒有名人架子。

海明威和男人拍肩交談。他和年輕姑娘開無傷大雅的玩笑。他愛說粗話。他喜歡喧鬧，他和當地的古巴人融為一體。

古巴各地都有人趕來觀看公雞的生死搏鬥。市長本人擔任鬥雞比賽的賭注登記人和賭注比例的宣布者，他還充當哈瓦那名人的私人護衛。

瞭望山莊的生活輕鬆而又愉快。記者來採訪時，海明威總是十分謙和。他愛虛榮，擺好姿勢讓記者拍照，只許他們拍好，刊出時要很像樣子。

海明威在瞭望山莊過著舒適安逸的生活，但是這個時候的世界局勢正發生著翻天覆地的變化，第二次世界大戰的槍聲已經打響。海明威聞到了戰爭的火藥味。

妻子知道，她的柔情萬種拴不住海明威那顆活躍的心，當海明威拋下妻子獨自去參加海軍的時候，他們的婚姻也就結束了。

海明威的第三次婚姻以破裂告終。

海明威的游擊隊

第二次世界大戰開始了，全世界都捲入到了這場戰爭之中，誰也不能例外，就連一向堅持中立的美國也不能例外。

1941 年 12 月 7 日清晨，日本海軍的航空母艦艦載飛機和微型潛艇突然襲擊美國海軍太平洋艦隊在夏威夷基地珍珠港，以及美國陸軍和海軍在歐胡島上的飛機場。

太平洋戰爭由此爆發，羅斯福總統對日宣戰。海明威當天就加入了海軍。

向來整潔的「拜勒號」上的欄杆漆得發亮，甲板刮得干乾淨淨，並有貯備豐富的酒吧間和好幾櫃漁具釣竿。

海明威對它進行了一系列的改裝，船裡裝進了機槍、來福槍、反坦克炮和成百磅炸藥。

「拜勒號」由一艘漁船搖身一變，變成了一艘戰船。它和它的船長海明威都已經武裝起來，枕戈待旦。

「拜勒號」裝上了海上的各種偽裝，在英屬洪都拉斯、巴拿運河區、墨西哥、古巴和佛羅里達的加勒比海沿岸搜尋希特勒派來的潛艇。

納粹分子得到第五縱隊分子的幫助，在加勒比海給他們的潛艇加油，這些間諜和賣國賊為船隻提供燃料用油，為水兵提供食品。

「拜勒號」裝了電臺，配備了高效武器和滿艙彈藥，用來執行多種海軍計劃。當然它有可能在幾分鐘內被擊沉，但是海明威顯然不顧及這點，他早已經將生死置之度外。

海明威還有一個更大膽的計劃。他設法要與浮出水面的潛艇或者偷運汽油的走私船相遇，一經發現，就用裝滿炸藥的「拜勒號」船頭撞擊敵船或潛艇。他打定主意要與它們同歸於盡。

他把計劃匯報給美國駐古巴大使斯普魯爾·布拉頓，還和布拉頓一起商討了對策。

「行！」布拉頓毫不猶豫地批准了海明威的作戰方案。布拉頓本人就以膽大包天出名，也是個滿腔熱忱的愛國主義者。

海明威指揮船員演習。「拜勒號」要對準敵船，全速向前，準備與敵船同歸於盡。船員和船長將於「神風」在來犯之敵的船艙中爆炸之前最後一刻跳入海中，然後再各盡所能設法逃生。

這是一種大膽瘋狂的作戰計劃，但是美國情報參謀部充分相信海明威能夠解決這一難題。海明威的方案得到了他們的贊同。

作戰計劃付諸實施了。

「拜勒號」並沒有被擊沉。儘管海明威眼力不濟，卻也發現了藏在水下的納粹潛艇的蛛絲馬跡。他發現了敵潛艇露

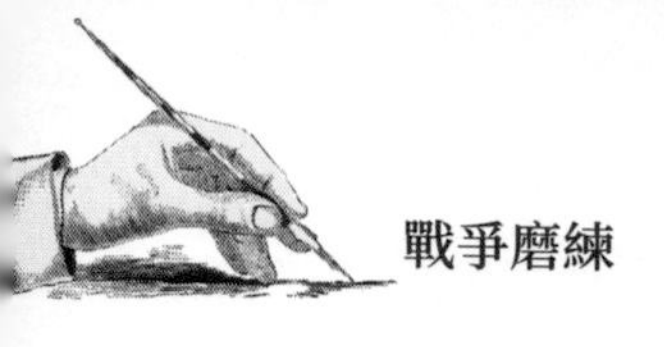

在水面的潛望鏡，並用無線電波將其位置報告給美國情報參謀部。

於是，飛機出動了，炸沉了敵潛艇。

就這樣，一艘、兩艘、三艘……

「拜勒號」已習慣於執行所承擔的任務，是正規海軍艦隊的巡邏艇。海明威率領他的幾名船員共發現 11 艘敵潛艇，他的努力受到了嘉獎。

1944 年春，美國海軍消滅了加勒比海地區的全部納粹潛艇。海明威成功地率領著他的「拜勒號」圓滿地完成了任務。

任務完成之後，海明威感到不耐煩，他要尋找更出色更有刺激性的新任務。海明威準備去接受新的任務。

海明威透過自己的人際關係，應邀簽約當上了英國皇家空軍的戰地記者，負責報導他們對德國的夜間空襲。

於是，他卸下海軍裝，換上了英國皇家空軍的制服，而且又蓄起了鬍子。他執行了20多次飛行任務以後才回到地面上。

時間是 1944 年，海明威到來的時候正好趕上了諾曼第登陸戰。

海明威以《柯里爾》雙週刊記者的身分派到巴頓將軍率領的陸軍第三軍。這家刊物的紐約辦公處在一年時間內只收到他寫的 6 個短篇小說。這位著名的作家太忙了，寫不出更多的作品。

巴頓將軍的部隊不讓他參加戰鬥，氣得他長吁短嘆，抱怨不休。

「見鬼！我可不是普通記者呀！說起槍炮、打仗和戰爭，我比那幫毛孩子懂得多。這群黃口小兒被派來派去的，卻把我晾到了一邊，現在他們正需要我們這樣有經驗的老傢伙和他們一道，幫助他們，指導他們。」

海明威最終還是參加了諾曼第的登陸，坐的是第一批登陸艇。他是喜歡打衝鋒的猛將。他不能容忍自己像婦孺一樣在戰爭的時候躲在後面，等待戰友們取得勝利之後再去收集戰利品。

聖洛防線突破之後，海明威不待命令下來就參加了他喜歡的第一軍第四步兵師。

海明威隨同這支隊伍與其他士兵一起爬進灘頭堡，避開炮火，後來又從沙灘爬到安全地帶，這時飛機一直在他們後邊沿鋸齒形路線掃射。

海明威趁著灘頭登陸和閃電攻擊造成的混亂，輕而易舉當上了第二十二步兵團的一個成員。

這個團以連續作戰著稱。他們一仗連著一仗，一直打到霍根森林。戰鬥進入最高潮，彈如急雨，屍骸遍野，鏖戰 20 天後，4,000 多人的部隊壯烈犧牲了 2,500 多人。

海明威自始至終處在這場浴血奮戰之中，他為受傷垂危的戰士寫家信，安慰他們的母親。他在英雄墓前默禱，繼而仰天詛咒。

海明威認為這場正面攻擊傷亡太大，既愚蠢又行不通。但是軍人的天職就是兩個字——「服從」。所謂「軍令如山倒」，又不得不執行。這很像當年英國兵列隊進軍去對付波士頓革命的農民和商人的情形。

海明威一邊大發雷霆，一邊隨第四師向希奈埃菲爾和盧森堡挺進。

同行的記者說：「海明威不帶槍，只帶一支鉛筆和幾張皺巴巴的紙。另外還有兩個鐵罐，一隻裝滿倫敦的杜松子酒，另一隻裝滿法國的淡味苦艾酒。這兩樣東西一混合就成了他的即興馬丁尼酒。」

海明威聽到這話，氣得吹鬍子。他說：「他媽的，那幫狗娘養的全是胡說八道。誰說我沒有扛槍？我從小就抱著槍睡覺。我到死也要抱著槍。哼，竟然說我沒扛槍！我能證明他們是在胡說。法國是有名的白蘭地產地，我他媽的怎麼會去喝馬丁尼？」

戰後，一位第四師的兩星將軍曾說，在一次戰鬥中，海明威到了離最近的增援站 100 英里的前線陣地。他偵察兩翼的德軍情況，發回有關他們兵力和裝備的準確報告，建議用坦克增援盟軍。

在巴黎西南的朗布伊埃進行的另一場戰爭中，海明威接過了指揮一支法國馬基游擊隊的任務，還當了他們這支地下軍的司令官。

海明威的指揮相當出色。

他在一家小旅館裡設立了司令部，仿照他在西班牙所見到的方式指揮作戰，不過也帶點法國本色。他派出隊員去保護道路，又向農村派出偵察隊對納粹做火力偵察，引發納粹射擊，取得德軍部隊的工事和火力的情報。

海明威還讓他的非戰鬥人員的朋友假扮成農民、馬戲團小丑、農家姑娘或神父，騎著自行車四處偵察，把敵人的情報收集到手。

勒克萊爾將軍率部隊來到馬基，準備向巴黎發起進攻的時候，海明威「將軍」為他和他的參謀部提供了地圖、速寫筆記本以及有關敵人的各種詳細資料。

海明威和他所率領的游擊隊為巴黎戰爭作出了巨大的貢獻。美國策略情報局曾經宣稱，由於海明威提供的事實和假設資料，勒克萊爾將軍才能迅速地勝利進入巴黎。

海明威確實是一個天才的軍事指揮官，在戰爭的水與火中，他能夠更加明確地辨明出局勢，作出有利於己方的判斷。

海明威的下一個目標是巴黎，那個他所生活過和熱愛的巴黎。

海明威的戰爭功績

第二次世界大戰捲動了整個世界，伴隨著世界各大戰場的爆發，戰爭的天平開始轉向同盟國，解放法國、解放巴黎的戰爭也迫在眉睫。

盟軍部隊在諾曼第灘頭留下了陣亡戰士，繼續向法國內地挺進。性急的海明威總覺得進軍速度不夠快，他守在吉普車裡，隨時準備衝鋒。

第四師在巴黎北面的塞納河上暫時停止前進時，海明威再次決定自己當情報首腦，趁士兵們休息時，組織游擊隊祕密出擊。

海明威和偵察隊跟蹤潰逃的德國部隊。他沒有反坦克武器，也沒有抗擊裝甲部隊的裝備。

海明威的部下頭戴貝雷帽，腳穿木頭鞋，身穿便服，卻帶回來一批納粹戰俘，他們中間有成年人，也有未成年的孩子。

海明威想起了學過的德語和納粹政權對士兵的嚴格訓練。他知道他們內心的奴性對紀律的恐懼，於是他採取了以其人之道還治其人之身的方法。

海明威坐在桌子後邊審問俘虜，態度顯得十分威嚴。那群俘虜「啪」的一聲立正站好，才回答問題，眼睛直視，用語簡潔。

海明威收集到了不少情報，對勒克萊爾將軍的裝甲師解放巴黎起了很大的作用。海明威年輕時曾在巴黎生活過，對這座城市有很深的感情。

勒克萊爾將軍穩步向巴黎挺進。勒克萊爾將軍十分感激海明威為他提供的情報。情報的準確性使他縮短了攻占巴黎需要的時間。

事後，勒克萊爾將軍曾對戴高樂將軍說過，是海明威的情報拯救了千百個法國人的生命，也使他的作戰時間大大提前了。

勒克萊爾猛攻巴黎的時候，海明威的游擊隊不斷壯大，就像塗了蜜糖的黏蠅紙吸引了大批蒼蠅，隊伍從 10 多個人迅猛地擴展到了 200 多人。

海明威用正當和不正當的各種手段為他的部下都弄到了一輛摩托車，使他的部隊摩托化。他學會了領取成車的汽油和酒的高超本領。

比克正南方的一個村子裡有一小股做垂死掙扎的納粹士兵，他們有可能阻礙法軍部隊的前進。得到消息後，勒克萊爾將軍命令海明威率領他的游擊隊去攻占這個村子。

海明威在一間棚屋裡部署他的軍隊，其中有保衛國家的法國人，有從納粹本國、波蘭和捷克斯洛伐克逃亡出來的難民。這些年輕人都很勇敢，不怕犧牲。他下令突破左岸，他們全部英勇向前。這一仗旗開得勝。

海明威的游擊隊不是正規軍，他的戰鬥行動也不屬於正規戰爭的組成部分，但是這位傳奇人物已經成為楓丹白露的保衛者而名垂青史。

當勒克萊爾將軍的部隊還在塞納河南岸激戰時，海明威已經率領著他的游擊隊悄悄溜進城裡，在凱旋門附近奮勇打擊敵人。

海明威的部隊作戰英勇，他們穩紮穩打，逐步挺進到他熟悉的一家叫做里茲的老飯店。他帶領非正規軍的游擊隊員，占領了這家久已因為窖存美酒而出名的旅館。

海明威還叫人在門口貼上一大張告示，通告全體解放巴黎的戰友。告示上寫道：「海明威占領了這家旅館，地窖裡的好酒喝不完。」

巴黎解放了，到處是一片歡歌笑語。

在巴黎的祝捷之夜，一個 20 歲左右的游擊隊員緊緊握住海明威的手說：「老伯，將軍，你的仗打得真漂亮，真叫我們大開了眼界！」

美國陸軍也同意這種看法，他們無法否認海明威對戰爭的貢獻。他的效命意義崇高而又很得當。但是，他們卻附帶上了某種明確規定的懲戒性意見。他們認為，戰爭是職業軍人的事；戰地記者的任務只是觀察和報導，他們不該參加戰鬥。

按照日內瓦公約規定，戰地記者一律不得攜帶武器。海明威不但帶了武器，還未經許可、無人授權就私自參加戰鬥，並且率領了一支未曾正式入伍、沒有軍人紀律、未曾受過訓練的游擊隊。

為此，從理論上說，海明威觸犯了日內瓦公約的規定，應當受到軍事法庭的審判。

第三軍軍法部門和總檢察署聯合審理了「海明威案件」。審問進行了兩個多月，但是毫無進展。

「你見過厄尼斯特·海明威手裡拿槍嗎？」

「沒有，但是他拿過鉛筆。」

「你曾見過厄尼斯特·海明威射擊嗎？」

「看見過。」

「在哪裡？」

「他給我弟弟射（攝）了一張照片，我打算寄給母親的。」

「厄尼斯特·海明威是否想把你編入他的部隊？」

「什麼部隊？因為他是我的朋友，我才跟他走的。」

「你看見海明威打死過人嗎？」

「看見過。」

「請把細節講述一遍。」

「這事發生在巴黎近郊的樹林裡。一個男人，是個德國

人，帶著槍躲在一棵樹後面。海明威和他格鬥，把槍奪了過來，扔在一旁。他把那人緊按在樹樁上，那個納粹分子給按死了。」

軍事法庭的審問人員對海明威的游擊部隊進行了單獨的審問，但是海明威的形象早已經深入人心，堅決支持海明威的人不想讓他受到軍事法庭的懲罰，所以對提出的問題盡作些無關緊要的回答。

就在軍法部門和總檢察署對海明威進行調查的時候，他早已離開巴黎，前往德國。海明威打算迎面碰上希特勒，親自捉住這個戰爭的罪魁禍首呢！可惜，他最終沒能到達柏林。

查不到海明威的犯罪證據，軍法部門只好把「海明威案件」暫時擱置一旁。他們所得到的問訊結果如出一轍，這些男男女女的口供好像是串通過一般，除非嚴刑拷打，否則無法改變。

「對於像海明威這個看起來是憑自己的想像力來求得戰爭勝利的人，應該不予追究。」

艾森豪威爾將軍設法維護了海明威，說軍務部長最好去清算罪有應得的納粹分子的罪行。

軍事法庭對海明威的審訊就此作罷。而這個時候，戰爭也進入尾聲。

表彰大會上，美國陸軍部授予海明威一枚青銅星獎章，以用來表彰他的作戰英勇，並表彰他在朗布依埃戰役中提供情報的功績。

海明威的一生都與戰爭分割不開，他親自參加了第一次世界大戰，寫下了《太陽依舊升起》，稱自己那一代人為迷惘的一代。

30 年後，當他身上的舊傷疤都已經結疤脫落的時候，海明威又主動參加了第二次世界大戰，而這個時候，他身上又填滿了許多新的疤痕。

海明威的身上傷痕纍纍，肌肉處處發酸，動一動渾身就疼痛。但是這些對他來說，都不算是什麼。

真正讓海明威心痛的是戰爭，是在戰爭中失去家庭的無數孩子，他們還那麼小，卻為戰爭所捲入，成為無家可歸的孤兒。

海明威的心在滴血，卻又無可奈何。他只能拿起手中的筆，將戰爭的罪惡揭露，書寫下一段段膾炙人口的故事。

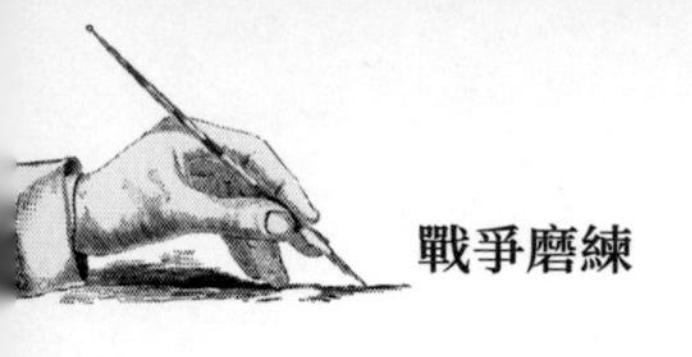

輝煌晚年

自己就是主宰一切的上帝，倘若想征服全世界，就得先征服自己。

—— 海明威

不想做廣告的名人

第二次世界大戰結束了，海明威這個游擊隊司令也結束了自己的任務。他卸下了肩頭的擔子，帶著傷痕纍纍的身體，居住在巴黎的里茲旅館裡。

海明威確實疲憊了，他的身心疲憊不堪。三個妻子先後來到他的身邊，又先後離他而去。這三個都是他所愛的女人，失去她們，讓海明威心中非常難過。

「你失掉她們，就像損失了一個營的兵力一樣痛心。那都是由於判斷錯誤，由於命令無法執行，由於條件不許可，可能也由於殘酷無情。」

海明威對往事剖解得十分透徹，但是卻於事無補。他已經徹底失去，往事不堪回首，他已經不太可能挽回失去的婚姻。

第二次世界大戰後的海明威表面上仍像個拳擊手一樣結實，但是內心裡，他已經疲憊無力，由於戰爭的折磨而疲憊無力；同時，還由於想起這 40 多年來的風風雨雨給自己身上留下的創傷和疤痛而痛苦不堪。

海明威老了，雖然他的精氣神還是像年輕的時候一樣，但是他的身體由於戰爭的創傷，衰老得十分厲害。

睡眠對於海明威來說是一種難以買到的奢侈品。他徹夜為噩夢所糾纏，睡不安穩，太陽一出就再也睡不著了。

焦躁不安在蝕耗他那感覺遲鈍的軀體，而且變成一種精神上的病毒，引起了許多健康上的問題。他像自己塑造的幾個人物一樣，感覺到了高血壓導致的死亡，心力衰竭也在悄悄地逼近。

「每一個人在活到半輩子的時候總要生一場病，而且也知道，這比體內的疾病更為不可思議。」

海明威清楚地知道這一點，但是他卻無可奈何，他掙扎，他反抗，但是病魔還是始終如一地糾纏著他，吞噬著他的身體。

海明威一生有兩大支柱，一個是妻子，一個是寫作。而現在，就連寫作，他都變得十分困難。

寫作對於海明威來說本來是拿手好戲，但是現在，他卻對此感到一陣恐慌。優秀的作品在戰爭剛剛過後本來就極難產生，海明威自己也常常拿這件事情開玩笑。但是令海明威恐懼的是，他的創作力在這個時期竟然真的近乎衰竭，或者說停滯了。

「要寫出具有價值的作品是需要全力以赴的事。」

海明威本來住在巴黎的里茲旅館，可是為了寫出新作，他特意遷到威尼斯的格里蒂旅館住下來。

海明威在這裡寫出了《過河入林》的初稿。這是一部描寫他不久以前的戰爭中的冒險經歷的長篇小說。

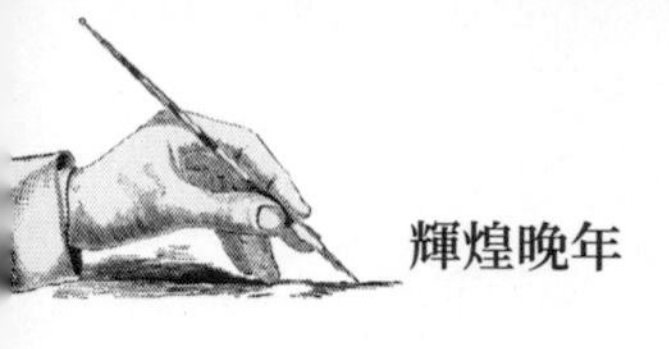

這次寫作十分艱難。戰爭剛剛結束，海明威還沒來得及好好消化，形成成熟的觀點和看法。

更加令海明威揪心的是，在一次打野鴨時，一顆槍彈反彈過來把他的一隻眼睛打傷了。他本來就有一隻眼睛不好，這一下更是雪上加霜。當時醫生們都擔心他會因此送命，即使不死，也得成個瞎子。

為了戰勝死亡，海明威加快了寫作的速度。他想再為後人留下一本傳世之作。

但是，事與願違。書是寫出來了，卻被評論為他的敗筆之作，他的聲譽也因此而一落千丈。許多人還認為他不配再寫書。

「這個迷人的城市及其運河形成的背景，博吉亞斯的浪漫史，以及背信棄義和很不光彩的行徑，書中固然都寫到了，但是情節牽強，枯燥乏味，浮淺而又生硬。海明威已經老了，他不配再寫書了。」

儘管新書的銷量和反應並是不很好，海明威本身的身體健康也在逐步惡化，他的視力越來越模糊，身體疲憊不堪，但是他的幽默還是使他度過了艱難的階段。

海明威喜歡靜靜地坐在海邊，看著無邊無際的大海，他笑著說：「我曾經受到控告，被人斥責為剽竊。原告聲稱，我的《戰地鐘聲》是抄襲他寫的一個未曾發表的電影劇本的。

「原告說他曾在好萊塢的一次宴會上宣讀過那個電影劇本，而我當時恰好在場，或者至少有個名叫歐內的人當時聽到了他的朗讀。就因為這個子虛烏有的事情，他提出要求賠償 100 萬美元。

「先且不說當時我在不在現場，我毅然出庭了。毫無疑問，這場官司我打贏了。那個原告原來是個無力償還債務的人。」

關於海明威的逸事很多，在騎士中間同樣流傳著一個關於海明威的趣事，那就是海明威這個很講究的名人竟然拒絕做「名人」。

有一次，巴黎一家釀酒廠的經理找到了海明威，說是可以支付給海明威 4,000 美元的現金和終生免費喝酒的特權，只是需要用海明威的面孔、鬍子和聲望大做廣告。

但是海明威卻想都不想就回絕了。他笑著說：「我不能為拿 4,000 美元而喝酒，我有自己愛喝的名牌酒。」

走進幸福的港灣

海明威的一生有過兩段最快樂的時光，一段是他童年的時候，那個時候他居住在密西根州的夏季別墅中，陪父親打獵、捕魚。這段時間他年紀還小，過著無憂無慮的日子。

而海明威一生中另一段最幸福的日子，就是他生命的最後 15 年。這並不是因為他得到了承認，得到了諾貝爾獎金和普立茲獎金，也不是因為他在文學界建立了聲望，而是因為有了愛妻瑪麗·韋爾斯。

瑪麗是一個具有美德的藝術家。她能使海明威這頭公牛站著不動而又不讓他顯出膽怯的樣子，不傷他的尊嚴；如果他願意，也允許他進攻。

瑪麗天生就有心形面龐和一頭捲曲的短髮。海明威愛她甚於他從前喜歡過的任何女人。他第一次感覺到愛情超過了他自己的那種強烈的自我主義。瑪麗既是女神，又是妻子，對他百般體貼，但又從不試圖占有他的靈魂。

和瑪麗的認識純屬偶然，當時還是在第二次世界大戰時期，在被炸彈炸得坑坑窪窪的倫敦街頭。

他們兩個人的身分都是記者，海明威是《柯里爾》雜誌的記者，而瑪麗則是《時代》週刊記者。

用一見鍾情這個詞語來形容海明威和瑪麗的感情一點都不過分。海明威一看見這個女人，就喜歡上了她。

後來海明威參加反法西斯戰爭，到了法國。人雖然離開了倫敦，他把智慧和力量都用在了解放巴黎的抗爭中，他的心卻飛到了遠在倫敦的這個身材像個男孩、臉上總掛著誠實的微笑的女子身上。他常常托飛行員或逃難的人偷偷地給瑪麗捎信。「這是一場了不起的戰爭。還是我來看你的好。」

海明威心中明白，自己愛瑪麗，他想要娶她為妻。

瑪麗在戰爭的颶風中捲到海明威的生活之中，從此她便待下來，成了後來海明威的暴風雨般生活中的平靜的風眼。

當然，和海明威前面三個妻子一樣，瑪麗也是一個有著良好家世的女孩，她出身明尼蘇達州的一個家境小康的書香人家。

瑪麗很聰明，很有教養，又是打字能手。她擔負起艱巨而龐雜的任務，每一種任務都完成得十全十美。

她既是妻子又是同事，既是熱心的崇拜者又是嚴格的批評家，既是祕書又是編輯，既是女主人又是漁婦，同時還是謀士、護士、廚師和田莊的產業管理人。

海明威視力不濟，寫作十分吃力，於是瑪麗主動為他當助手：「海明威，你去休息一會，我幫你打字。我想你會滿意的。」

果然，潦草而又字跡不清的稿紙變成了整潔的打字稿，而且很少出錯，就連海明威也誇她是個打字能手。

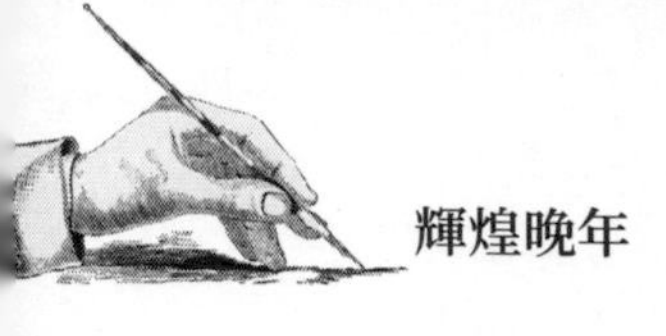

瑪麗簡直就是海明威的熱心崇拜者和嚴格批評家，她常常會讀海明威的文章，時而會高興地對他說：「好極了！海明威，這段寫得妙極了！」

時而她又會毫不留情地指出：「親愛的，你這段應該修改一下，它誇張得有些過分了，讓人感到不真實。」

海明威最大的嗜好是捕魚，而瑪麗卻從來沒有出海捕過魚，但是既然丈夫喜歡，她就會去學習。

聰慧的瑪麗便按照海明威和他的大副格里高里奧·弗恩特斯的指導，有說有笑地學會了捕捉馬林魚，本事和船上的夥計不相上下。

她跟大家一起去祕魯，手拿照相機專為他們捉到的魚拍照。

結果那天晚上突然颳風，海岸成了荒漠，沙子一直刮到房間裡，房門也給刮得「砰砰」關上。

他們乘坐著快艇，一連捕魚一個月，從清晨就開始，直到風浪大作不能拍照時為止。浪頭排山倒海，浪頂上飛濺出雪白的水花。他們與馬林魚周旋，捕到的一般都將近一噸重。晚上，他們同祕魯人共享魚宴。

「拜勒號」遊艇是行駛在海面上的一座愛的堡壘。瑪麗喜歡這艘船，也喜歡捕魚和這種戶外生活。對這種生活的認識，讓她對海明威的理解又深了一層。

海明威這人頗難理解，也頗難伺候。但是瑪麗卻理解了他。她聽見過他在痛苦的睡眠中的呻吟聲，也知道他的病史和遭遇的變故。

瑪麗認定他是個天才，一個不可多得的天才。她體會得到並且十分尊重他的志向與抱負。儘管他說話有些粗魯，但實際上他是個文雅的人。

海明威粗魯的外表包藏著一顆溫柔的心，瑪麗全身心地愛她的丈夫。瑪麗心裡明白，她丈夫得到的愛正是他所希望得到的那種方式的愛。

海明威一生有過多次戀愛經歷，但是沒有一次能夠像瑪麗這樣給他深刻的印象。他對瑪麗的稱讚超越了世間的一切。

世界上的作家們在講述自己的愛情故事時，很少有人能夠超越海明威對瑪麗的讚美的。

海明威以阿培拉德和愛洛伊絲的方式高唱他的頌歌，逢人就唱，只要對方願意聽。他不僅在新婚燕爾之時如此，而且後來越見熱情，直到他開槍自盡為止。

海明威幾乎用上了全世界所有的讚美之詞來讚美他的這位愛妻：「瑪麗小姐，是始終不渝的。她也勇敢、媚人、機靈，看看她就叫人感奮，伴著她就覺得其樂無窮，實在是個一好妻子。」

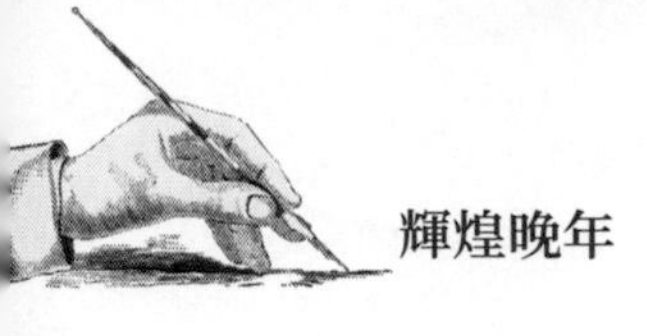

「她不在家時，整幢房子就像她曾拿開的倒得空空如也的空酒瓶一樣空，我也就生活在真空裡了。那種孤寂的情形活像電池用完後又沒有電流可接的一個無線電真空管。」

海明威還經常誇讚瑪麗是一個很出色的捕魚能手，是個唱歌能手，嗓音準確真實。

瑪麗也是一個槍法相當準確的獵人、游泳健將，第一流的廚師、品酒的內行，優秀的園丁，業餘天文學家，懂藝術，懂經濟，又懂史瓦希利語、法語和義大利語，能用西班牙語管理船隻和料理家事。

「瑪麗的社交圈子很廣泛，她所認識的陸軍將領、空軍將官、政治家和要人，數目之多，超過我所認識的陣亡的連長、從前的營長、酒友、惡棍、歹徒、膽小鬼、夜總會常客的領袖、酒店主人、飛機駕駛員、賽馬賭徒、形形色色的作家和色鬼。」

瑪麗小姐可以說是一個全能的人，最為關鍵的是，她對丈夫潛移默化的影響還展現在了他的私生活上。

眾所周知海明威放蕩不羈，他的前三任妻子在海明威私生活的管理上都失敗了，唯有瑪麗，讓海明威一直老老實實，一直把心思放在了瑪麗的身上。

在愛達荷州山區的一家小飯店裡，有個美麗的金髮女郎，她沒有讀過海明威的著作，但也知道他很有名，而且對於女人有點放縱，於是她便使出渾身解數，賣弄風情地扭屁股晃肩膀。

海明威把目光轉向一旁，臉上露出一陣厭惡的表情。

那個風騷的女郎不肯就此罷休。她湊近他，撲弄起他的鬍子，說：「叔叔，你長得很好看呢！」

海明威透過眼鏡疾顏厲色地瞪了她一眼，仍不理她。

女郎仍不死心，索性伸出手來鉤住了他的手臂，撒著嬌說：「你怎麼不說話呀，叔叔？」

海明威頓時火起，咆哮起來：「放開我！」

金髮女郎眨了眨水汪汪的藍眼睛，不明白這個有名的風流男兒為什麼會對她不動心。

「依我看哪，您用不著動那麼大的氣。您現在是有妻室了呢，還是單身呢？」

「我結婚了。」

「哦，既然這樣，您可不可以告訴我，您太太是怎麼把你調教得這樣一本正經的？」

「這個嘛，我可以告訴你。我妻子使我感到幸福，也使我對其他女人全都失去興趣。」

海明威說完，只管自己離開，不再理會那個風騷的女郎。

其實，瑪麗小姐之所以管得住海明威，是因為她根本不管他，讓他覺得跟什麼樣的女人睡覺都可以。這樣一來，其

他女人對海明威反倒沒有什麼吸引力了。

而且，放蕩不羈的海明威一度懷疑自己是否能夠擁有愛情，是否能夠忠實於一個女人。

海明威一向不肯安定，瑪麗給海明威帶來了安寧。她不肯眼看蠢人做傻事而心安理得，她一點也不肯。她有充沛的精力，而且做事有始有終。不過，她也會變得像貓那樣懶。

海明威是像疾風驟雨一般過生活的，完全按照自己的心願去做事，去達到目的，但是瑪麗卻是安穩沉著地信步而來，延長了他的壽命，並使他的生活充滿了他從未享受過的天倫之樂和人間溫暖。

不光是海明威，他的家族成員中凡是見到過瑪麗的，無不立刻折服於她的魅力。沒有見過她的那些人除了收到她的禮物和友愛贈品之外，還經常接到她的來信，因此，即使在遠方，心目中也都形成了海明威夫人的親切形象。

海明威十分開心，漂泊了大半輩子，他終於在晚年找到了能讓自己睡得安心的天使了！生活有了瑪麗，因而變得更加精彩。

與海軍學員的聚會

海明威還是一如既往地喜歡聚會、豪飲，開一些無傷大雅的玩笑，炫耀一番自己取得的偉大成就。

一年一度出來巡航的美國海軍軍官學校的學員們循例來到愛達荷州的時候，海明威打算盡一下地主之誼，好好招待他們一下。

考慮到瑪麗不喜歡家宴之後的那些空酒瓶和家具上被香菸燒成的印子以及一整天的洗刷打掃，海明威便把這群客人請到餐館去吃飯。

這事驚動了憲兵隊，他們打算派出專人來保護海明威的安全。因為那幫毛頭年輕人們會沒完沒了地向他提問題。

他們不管什麼事都喜歡打破砂鍋問到底。他們會問他是怎麼打獅子的、怎麼捕捉大馬林魚的，弄不好還要看看他渾身的傷疤，再要他講講每次遇險的經歷。這會累壞這位名作家的。

有一位穿白色制服的大副自告奮勇做了海明威的保鏢。「放心吧，先生。有我在呢，海明威先生會安然無恙的。」

「大副」，海明威對他的保護人說：「你是我的好朋友，現在你又站在我這一邊了。你就把我在公眾場合的事情都管起來吧！」

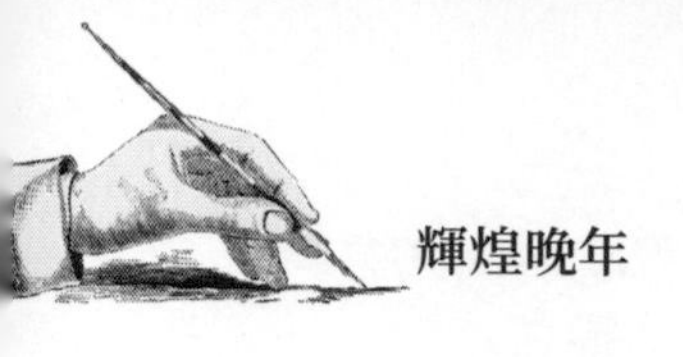

「先生」，那人敬了個禮回答說：「有時緊張起來，我也許會用平等態度對您講話，但是請您別念私交。多年以來我一直在為今天這個機會做準備，先生。」

他邁開大步在前面開道，直向餐館走去，還不停地揮手叫學員們閃開。

「閃開，閃開！別擋道！我們是海明威司令請到餐館去吃飯的客人！」

有幾個學員圍在一起，忙乎著把海明威新買的克萊勒斯牌小汽車漆成救火車的鮮紅色。大副見了，說道：「現在你的車比以前的大了，也更漂亮了，海明威船主、司令。」

海明威笑而不語。這種惡作劇都是天真無邪的兒戲。

他年輕的時候曾經爬上牆頭用油漆寫商店招牌，把各家房門拆下來對調，把一些煙囪推倒。

如今既然海軍學員認為他的汽車應該是紅色的，那大概也不無道理吧！

弗洛裡迪塔餐館座無虛席，人們開始你推我擠，都想擠到海明威面前來請他簽名留念，同他握手寒暄。

那位「對外關係的主管」負起責任。他言行並用，趕走了坐在海明威預約坐席上的人，又對每一個想接近海明威的人進行嚴格把關。

「你認識我們司令？」

「不，不過……」

「走開，走開。你沒見他正忙著嗎？」

「你認識我們司令？」

「認識。」

「好吧！那就算了。」

大副終於認為他把好奇的人都擋開了，這才坐下喝酒。另一位高大健壯的大副也在這張餐桌旁就了坐。

大家正在認真地討論文學，而且談得很深刻，這個時候鄰桌有一位高大健壯的大副也參與了進來，他插嘴道：「我最喜歡的書有兩本，不，應該是三本。一本叫《雨來時》，一本叫《月亮的六便士》，還有一本叫《通天塔》。」

海明威一聽就笑得噴嘴了，他無奈地笑道：「老兄，這三本書都不是我寫的。」

「他或許說的是《春潮》吧？」負責保護海明威的那名大副為他同伴辯解道：「我超級喜歡那個非武裝人員的印第安人，他的槍法好極了。」

「《月亮的六便士》是本好書。」那位大副還在努力地為自己辯護。

「保鏢」，大副安慰他說：「你的眼光真的很不錯。其實那些書都是海明威寫的，不過他太謙虛了，他的那些作品都是用其他筆名發表的，但是同樣感人。就是這麼回事。你說

對不對，海明威，啊，司令閣下？」

海明威還沒顧上答話，就發現美國駐古巴使館的海軍武官在向他使眼色。他和海軍上將，還有另外兩三個人，坐在稍遠些的一張桌子邊，他們都穿著便衣。

海明威本來沒有理會他的臉色，但是發現他又一次向他使眼色，就抱歉地對同桌人說道：「請原諒我的失陪，先生們。我過去和那邊的幾位朋友說兩句話，否則他們會認為我失禮的。」

「小心為妙，司令，需要我陪你過去嗎？說不定他們是假朋友呢！」保鏢大副不放心地問道。

「沒事。」海明威制止說：「你照顧一下這裡，我過去說幾句話就回來。」

海明威來到他的老朋友海軍武官的餐桌旁，發現出來巡航的海軍上將頗有親和力，和藹可親，也很明智，總而言之，一桌客人都是令人高興的好朋友。海明威和他們舉杯共飲。

過了幾分鐘，那位「主管對外關係」的大副東倒西歪地走到這張餐桌旁。

「海明威」，他說，「你待在這裡幹嘛呀？別把您的時間浪費在市民身上吧！」

海軍上將頓時氣極，一下子站起身來，朗朗說道：「混帳！你當我是何人？我是你們的上將！」

「保鏢」大副連忙敬了個禮。他的說話聲音變低了，兩隻眼睛直視前方。

「上將先生，我敬請您讓海明威回到我們那邊去。」

「這得由海明威先生自己決定，大副。」

過了一陣，海明威才又回到他的「保鏢」身邊，這裡有一群讀者和文學批評者，還有光臨弗洛裡迪塔餐館的大副們。海明威繼續和他們痛飲，海闊天空胡謅亂吹。

晚宴完畢時，那位大副讓他的部下排好隊，又叫人把那輛紅色的克萊斯勒牌轎車開過來。汽車已經停在餐館門前，那一次急剎車幾乎把輪胎弄得冒煙起火。

「大夥上來跟海明威握手」，大副命令道：「動作要快。司令要回去休息了，這樣他明天才能好好開動腦筋，進行寫作。抓緊時間，一、二，開始！」

海明威在人們心目中的形象和他本人有些不同。的確，他又粗魯又隨便，因為他生於特迪．羅斯福時代，當時參軍打仗、狩獵虎豹，體魄健壯是男子漢的一種標誌。

海明威一生都在冒險，他參加過第一次世界大戰和第二次世界大戰，身體上留下了無數的創傷。海明威萬萬沒有想到的是，到了晚年，他還要再經歷一次這樣的生死挑戰，而這一次的失事也正驗證了一句老話「大難不死，必有後福」。

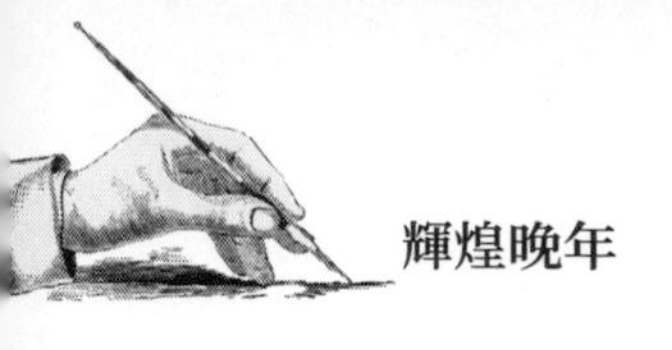

飛機失事大難不死

1954 年 1 月，海明威和妻子瑪麗作為《展望》雜誌記者，飛往非洲報導肯尼亞吉庫尤部落反抗白人的所謂「恐怖活動」。他們租了一架小型單引擎塞斯納飛機。

飛機在飛往非洲的時候，海明威一時心血來潮，想要觀賞尼羅河源頭氣勢最雄偉的默奇森瀑布，駕駛員只好奉命低飛。

他們逐漸接近震耳欲聾的大瀑布，突然之間一大群朱鷺迎面飛了過來，駕駛員只能被迫俯衝，飛機一個跟頭栽了下去，墜毀了。

海明威頭部受傷，瑪麗小姐翻出座艙，只受到一些她認為是微不足道的擦傷和痛楚。

長夜浸漫，實在難熬，真叫人不知如何是好。雖然不缺應急的乾糧，但是沒有水。海明威受了傷，理應在原地多停留一些時候，但他不肯。

大象似乎不歡迎這幾個陌生人的到來，河岸上有幾條鱷魚顯然怒氣衝衝。夜間有一頭大象在海明威他們的紮營地周圍徘徊了大約兩小時，有好幾回離他們只有幾公尺。

在月光下，這頭大象看上去活像一座移動的大山。它彷彿極其專注地側耳細聽瑪麗的鼾睡聲。

當海明威叫醒瑪麗時，她死都不承認，說：「我從不打鼾。那只不過是你們的胡思亂想罷了。」

「看來大象和我們有著一樣的看法。」海明威笑笑說。

「你們聽到過貓打鼾嗎？」瑪麗堅決地反駁道。

失事的當天晚上，野獸在營帳外吼叫，海明威學著這些野獸叫來回應。

黎明的曙光剛一露臉，海明威、瑪麗和飛機駕駛員這三位遇險的倖存者便開始上路，四處尋找通往尼羅河的途徑。

與此同時，英國海外航空公司的一個駕駛員在默奇森瀑布附近一片叢林裡發現了失事的飛機。

沒有跡象表明有倖存者。沒有空地可供飛機降落讓他去調查。駕駛員用無線電向最近的聯絡點報告了遇難飛機的牌照號碼。不一下，他得到回音，說他發現了海明威那架失蹤了的飛機。

所有的晨報都發表消息說，在非洲的一個叢林裡發現了海明威乘坐的那架飛機的殘骸。海明威怕是凶多吉少。

其實他們不知道，這時，海明威一行三人已經找到尼羅河，搭上了滿載旅客的汽船，免費到了阿伯特湖畔的布提亞巴。

海明威又租了一架輕型比賽用飛機，前往烏干達首都恩德培。

飛機凌空升起，碧空萬里無雲，是一個適合飛行的好天氣。哪裡想到飛機僅僅飛了片刻就一頭栽到一個西沙爾麻種植園的地面上，幾秒鐘後就轟然爆炸了。

乾燥的麻株燃成一片火海，熊熊烈火頓時將海明威夫婦徹底吞沒。大火和盤旋上升的黑煙象徵海明威死於非命。

世界各報幾乎都以頭版頭條位置報導了海明威遇難的消息。

「海明威專機在非洲上空失事！」

「海明威失蹤！」

「海明威機毀人亡！」

「海明威及其夫人遇難！」

「喪鐘為作家而鳴！」

正當電傳打字機和無線電訊不停地發出海明威遇難的噩耗，各報都在匆忙草擬頭版訃告時，海明威夫婦以及駕駛員從飛機殘骸和火焰中爬了出來。

「瑪麗小姐」，海明威事後說，「從未目睹過飛機起火，見到這種場面實在是令人難忘，尤其是當你還身處在飛機中的時候。」

瑪麗受了很嚴重的傷，幾乎不能動彈。她的肋骨斷了，刺進腰部。海明威顯然感覺良好，還幫助一群當地人和農民撲滅烈火。他在起火的田塊之間衝來衝去。瑪麗則躺在地上，用力把肋骨按在原來的部位上。

「跑慢點，海明威，你昨天在飛機失事時受了傷，你忘記了嗎？」

「可是這火勢太猛了。我們得先滅火，幹完了我立刻就回來，別擔心，親愛的。」

這個敢作敢為的巨人果然控制住了火勢。

海明威開始了艱苦的跋涉。現在沒有了飛機，也沒有汽車。最近的醫院在 200 多英里以外的恩德培。他們只好步行去那裡。與他同行的當然還有瑪麗和飛機駕駛員。

主治醫生檢查了全身。

病歷卡：厄尼斯特．海明威，美國公民

職業：新聞記者

出生：1899 年，依利諾伊州，橡樹園。

病情：關節沾黏、右腎挫傷、肝損傷、腸道機能紊亂、腦震盪、可能併發眼疾、二度和三度燒傷

海明威沉睡了幾小時，醒來就問：「瑪麗呢？」

「我在這裡。」

「可是你有傷啊，你受了傷。」

「根本沒受傷。你現在倒是應該躺下去。我沒什麼，你傷得很重，全身都有傷呢！你需要睡覺。」

「不過，瑪麗你沒受傷？我根本不在乎，你真的沒受什麼傷？」

「是的，的確沒事。我雖然斷了兩根肋骨，但是現在外面已經裹上鬆緊適中的紗布，一點也不痛了。叫人擔憂的是你的

傷。來吧，把這個大冰袋放到額頭上，你會感到舒服一點。」

「光鎮冰袋有屁用，得來點蘭姆酒才行。」

他伸開手腳躺在病床上，不計其數的記者和攝影記者把他團團圍住。就在這時，他看了用 25 種語言文字發表的他的訃告。

自己讀到自己的訃告，這場面委實有些滑稽。

「發訃告有一點不可取，就是你讀到自己的訃告時，簡直太難受了。」

海明威在非洲上空兩次飛機失事之後，負責為他治療的醫生對他說：「你第一次墜機時本該立即喪命的，可是你沒有死，所以又發生了第二次墜機。加上火燒，你又一次本該喪命，但是你大難不死，活下來了。可見以後只要你安分守己，你就再也死不了啦！」

海明威聽後不以為然。他說：「其實，有朝一日我會變成一具夠你瞧的屍體。我不會再活 5 年以上，我得抓緊時間。」

這或許只是海明威一句自我幽默的解嘲語，但不幸的是，他的這話真的應驗了。

《老人與海》和諾貝爾獎

聖地牙哥是一個獨自在灣流裡的一隻小船上打魚的老頭。生活和歲月給老人的折磨，令他後頸上凝聚了深刻的皺紋，顯得又瘦又憔悴，身上的每一部分都顯得老邁了。

可是他的那雙眼睛跟海一樣藍，是愉快的，毫不沮喪的。一開始時，老頭正走「霉運」，84 天，整整 84 天，他連一條魚都沒有捉到。這對一個以打魚為生的漁夫來說，那真是再倒楣不過了。

就連跟老人在一起很長時間的一個孩子，也不得不在第 84 天離開了他。

聖地牙哥為了證明自己是個「古怪老頭」，或者說是為了證明自己是有堅強勇氣與毅力，為完成只屬於自己的那項別人無法替代完成的任務，為了鰥夫的光榮與尊嚴，聖地牙哥一定要捕到一條大魚。

老漁人聖地牙哥也意識到了「85」是個吉利的日子，「可以捉到 1,000 磅的大魚」。

聖地牙哥老人捕到他一生捕到過的甚至見到過的最大的魚，可是卻引來了一群鯊魚。老人耗盡了全身了精力，不僅兩手空空，而且傷痕纍纍。

老人看著財富的落空，傷心地落下了眼淚，只能把著那條大馬林魚的骨架拖了回來。

這本書就是海明威生命的後期最後的一部作品《老人與海》。而海明威在寫完這部最優秀的作品後，直到最後的自殺都未曾發表過任何作品。

1954 年，瑞典文學院作出決定，將當年度的諾貝爾文學獎頒發給海明威。消息不脛而走，到處都有人在談論「老海明威」，而事實上當時海明威才 55 歲。

紐約《世界電訊報》用老海明威捕捉到海裡最高貴的魚作為頭版通欄大標題，欣喜地報導了這則喜訊。

斯德哥爾摩的諾貝爾獎金委員會多年來一直在考慮授予厄尼斯特．海明威諾貝爾文學獎。上一年評選海明威的呼聲僅次於溫斯頓．邱吉爾。

而現在，當厄尼斯特．海明威兩次死裡逃生以後，瑞典諾貝爾獎金委員會認為，他應該立即榮獲諾貝爾獎金，以防「他會自己送命」。

瑞典人承認文學天才時總想搶在他們最喜愛的獲獎者健在時向他表示敬意，免得這位似乎在尋求死亡的作家先一步把自己送進死神的魔爪。

當然，海明威兩次死裡逃生促使瑞典文學院盡可能快地把諾貝爾文學獎頒發給他，但是最重要的原因還是因為他的傑作《老人與海》。

斯德哥爾摩的瑞典科學院常務祕書安德斯．奧斯特林博士宣布說：「勇氣是海明威的中心主題，是使人敢於經受考驗的支柱。勇氣能使我們堅強起來，迎戰缺乏勇氣時看來是嚴酷的現實，敢喝退大難臨頭時的死神。」

《紐約時報》文學評論家撰文說，毫無疑問，瑞典文學院將這一年的獎金頒發給了最佳人選。

有人評論說，海明威參加過 5 次戰爭和 6 次革命，每次都親臨火線，出生入死；最近又連續兩次發生墜機事件，差點死於非命。

瑞典文學院之所以這麼快就頒獎給他，實在是怕他隨時都會被淹死或墜機死亡，沒有了機會。

但是不管怎麼說，他是繼劉易斯、奧尼爾、賽珍珠、福克納之後美國第五位諾貝爾文學獎得主。他為國家爭得了榮譽。

海明威在瞭望山莊收到了電報，他激動得熱淚盈眶。多少年的辛苦寫作，多少個夜晚的孤苦難眠，今天終於得到了社會的認可，欣喜之情溢於言表。瑪麗和他的家人也多為他感到高興。

遺憾的是海明威當時兩次飛機失事，沒能親自去斯德哥爾摩領取獎金，只能委託駐斯德哥爾摩的美國大使代表作家本人和他的國家出席慶典，並代表海明威在斯德哥爾摩市政廳內舉行的傳統宴會上朗讀了他從古巴寄去的答謝辭。

「勇氣有兩種，一種是體力上的勇氣，即臨危不懼的勇氣。另一種是精神上的勇氣，即不論受到外界當局的追究還

是受到內在的力量即良心的譴責時敢於負責的勇氣。這裡，我們只討論第一種勇氣。

「臨危不懼的勇氣又分為兩種。一種可能是漠視危險，其根源也許出於個人軀體或者蔑視死亡，或者習慣如此。出於這幾種根源的任何一種勇氣，都應視為永久不變的勇氣。

「另一種可能來自積極的動機，例如自尊心、愛國心、形形色色的熱情。這種勇氣不是經常的狀況而只是感情衝動。不難明白，這兩種勇氣表現的方式不同。

「前者可靠，因為這成了人的第二天性，絕不會舍他而去；後者則往往使人走得更遠。前者更堅定，後者更膽壯。前者使人判斷明確，後者有時提高其威力。兩者相結合就組成最為完美無缺的一種勇氣。」

海明威成功了，緊隨著諾貝爾獎而來的是普立茲獎，《老人與海》風靡全世界。他的事業獲得了極大地成功。

與病痛抗爭

海明威老了，年輕的時候上過戰場，給他的身體留下了無數的創傷，這些傷痛到了老年就變得更加嚴重。

更為重要的是，海明威兩度死裡逃生，又堅持著創作不肯放手，給他的身體健康蒙上了一層陰影。

海明威遇到過那麼多的變故，遭受過那麼多的創傷和不幸，所以他說：「我簡直弄得遍體鱗傷，所以人們都把我叫做吃子彈的狂人。」

海明威老了，戰傷加上飛機失事帶來的創傷以及其他傷害，最終演變成了各種疾病，高血壓也是纏繞海明威晚年身體的一種頑疾。

一位著名的精神病學家曾經建議說，高血壓患者的家裡都該養一隻貓。

鳥類是機警而過敏的生物，愛跳，易驚，難以馴服。但貓是溫和的，在明亮的陽光下睡覺時還要用爪子捂住眼睛，醒來時伸個懶腰，張開嘴打個哈欠，看貓能使人得到休息。

於是，海明威聽從了醫生的話，瞭望田莊裡養了很多懶貓懶狗。他那彷彿與世隔絕的庭園裡綠樹成蔭，盆花爭豔，涼風習習。這種幽靜的環境是專為滿足海明威的需要創造的。

這是哈瓦那郊外群山之中的幸福生活，但是海明威每況愈下的健康狀況卻打破這一切，遷離這裡成為勢在必行的事情。

熱帶氣候會使皮膚沒有曬成棕色的人出汗致死，對於一位患有高血壓症、日益惡化的皮膚癌以及早期糖尿病的孜孜不倦的作家來說更是吸血鬼。

海明威選中了愛達荷州。那裡的氣候涼爽宜人，野花繽紛，湖泊澄碧，溪流蜿蜒，無人捕魚，只見麋鹿出沒，而且又是野鴨大雁等候鳥遷徙的必經之地。

海明威和他的夫人帶著他們的貓貓狗狗和一大堆書籍遷到了新居。在那裡，他又開始了他艱苦卓絕的寫作。

「當我寫書或一個短篇時，每天早上天一亮我就開始工作。這種時候絕對沒有人打擾我，天也涼快。有時很冷，但一開始工作，寫著寫著就暖和起來。我先把前面寫好的東西看一遍，然後再接著往下寫，一直寫到我仍然有東西要寫的地方停下來。」

有人問他，他認為訓練一個新作家最好的辦法是什麼。他回答說：「比方說，如果年輕作家發現寫出好作品是幾乎不可能的大難事，那他就去上吊吧！然後別人不管這些，把他解救下來。這樣，至少他一開始就會有上吊的事情可寫了。也許從此他將自強不息，力盡所能，努力寫作。」

但是，他已經意識到他不再像他所想像的那樣健康了。他的病情越來越重。為了與病痛抗爭，同時也為了掩蓋他對自己那不中用的病體的憎恨，他大量飲酒，時常吵鬧。

最後幾個月裡他有時東拉西扯，又似乎語無倫次。他的一位親密朋友和熱情的崇拜者談到他的健康衰退時說：「看到這位巨人受苦，實在叫人難過。現在他認為他占有了潘普洛納。如果他不請你而你去『過節』，他就大發雷霆。」

海明威喝酒很多，而且在大多數人會喝得爛醉如泥、流出口水、倒在屋角裡睡著的時候，他依然清醒如常。

在攝影記者拍的一些照片上，海明威常常把酒瓶舉到嘴邊，或者旁邊的地板上橫七豎八地躺著許多醉漢。

而海明威唯一一張不在喝酒的照片，簡直就像瑪麗蓮·夢露會穿一件寬大的長套衫拍照一樣不可想像。

海明威已經成為一個傳奇人物，關於他的傳說還有很多。

有傳聞說海明威曾經用酒瓶沒頭沒腦地狠揍一位拳擊冠軍，理由僅僅是因為他打拳擊在海明威看來不規矩、不公平。

又有傳聞說，海明威曾經沖進鬥牛場，像搭救一個遭人毒手的美女一樣把約翰·多斯·帕索斯從尖利的牛角下救了出來。

還有傳說，說海明威曾經向一個法國人挑戰，要與他決鬥，因為他侮辱了愛芙·嘉娜。

對於海明威的慷慨解囊，在業界更是廣為流傳。傳說在經濟不景氣的日子，海明威曾把自己的積蓄 20,000 美元捐獻給在紐約的作家同仁，以至於他在獲得諾貝爾獎的時候欠債 8,000 美元。

海明威的那副金屬邊平光眼鏡也變成了一項傳說，據說他戴那副眼鏡是要證明他同陸軍和海軍的聯繫。而且那副眼鏡戴起來並不舒服，相反還火辣辣地痛，但是海明威就是不肯換一副新眼鏡。

當海明威心情好時，你問他，他的精神病醫生叫什麼名字，他會笑著告訴你：「克朗娜……史密斯．克朗娜。」

海明威有一隻貓叫博伊西。那是他根據愛達荷州首府為這貓取的名字。他十分寵愛這隻貓。

「凡是人吃的東西它都要吃」，他說，「它會嚼復合維C片，那東西比蘆丁劑還要苦。我不肯給它吃降壓片，它就認為我吃藥瞞著它，不給它吃就讓它去睡覺了。」

說來也是好笑，海明威生了病，還是他的貓陪著他吃藥。

遇到好天氣，海明威就沿大路散步，揮動手杖向車上乘客打招呼。這種情景比遠處的鋸齒山脈更使人心嚮往之。

當海明威覺得真正很有精神的時候，也許會對準罐子踢一腳以顯示他的活力，顯示他這個老人家的生命力還很強吶！

海明威真是一個懂得苦中作樂的大文學家呀！或許也正是因為他的這種樂觀精神，才能寫得出這麼偉大的著作吧！

喪鐘為作家長鳴

遷居愛達荷州以後，海明威的病情日益加重，有如烏雲壓頂。海明威知道，也許自己的幸運日到頭了。

「我已經不再福星高照了。」海明威開始仔細考慮了將來的事，他一邊攪拌著一種摻熱水的烈酒一邊深思熟慮。

「我年紀大了，想做一個聰明人，不討人厭，我想看看所有新的拳擊手、賽馬、芭蕾舞、自行車賽車手、餐館、佳釀、新聞紀錄片，但關於其中的任何一項，我是連一行也不再寫了。」

到了晚年，海明威已經不再從事寫作，他的名氣和著作已經足夠支付起他的生活費用。

海明威的收入一直不少，而且是由他的朋友、代理人、律師兼親信埃爾·賴斯細心經營的。在海明威成為獲獎作家之後，簽訂出版合約時通常先支付 25,000 美元，版稅則按書價的 15% 結算。

此外還有一些附帶權利如交由雜誌發表、拍電視片、譯成外文以及在報上連載等。這樣林林總總算下來，每年至少都能獲得 10 多萬美元的收入。

不再忙於創作的海明威開始把心思放在了教育孩子身上。他的童年受到了父母嚴重的約束，所以海明威吸取了這種教訓，他授權自己的孩子們，讓他們按照自己的志趣發展。

外界有評論不明就裡地批判他是一個不孝子，理由是他離開了老家。又說海明威是一個難處的丈夫，因為先後三任妻子都離開了他。更說他是一個不負責任的父親，因為他總忙於自己的事情。

其實這是一種謬論，是媒體不負責任的臆測。海明威其實是一個熱愛的家庭的人。約翰、派翠克和格雷戈里都是他十分喜歡的兒子，海明威每個月都定期給孩子們送去一筆豐厚的生活費，定期都要檢查孩子們的學習和生活情況。

海明威認為，孩子長大了，就應該有自己的生活，不應該再受到壓制。所以在外人眼中，他成了一個只知道在酒吧中喝酒的酒鬼，而不是一個關愛孩子的父親。

海明威的家庭關係很和諧，他的幾個兒子、兒媳婦和孫子常常來看望他和瑪麗。

約翰又名邦比，曾在第二次世界大戰中以策略情報局軍官身分榮獲高級獎章。派翠克又名莫斯，是哈佛大學畢業生。格雷戈里外號吉吉，曾在安納波利斯的聖約翰學院受過教育。

3 個孩子都跟父親一樣喜歡體育運動、捕魚、打獵和情報工作。

3 個兒子為自己贏得了聲譽，他這個做父親的又是誇耀又是稱讚，還把照片拿給別人看。哪怕一點點孩子們的消息也是好的，所以他總是徘徊在信箱旁等待他們的來信。

到愛達荷州凱奇姆海明威的家裡來看望他的人，都意外地發現海明威是那麼疲憊無力、行動不穩、言語不清，有時病得幾乎朝不保夕。

海明威不情不願地第二次到梅奧診所就診。梅奧診所在明尼蘇達州的羅契斯特市。

6 月的炎夏酷熱難當。這趟旅程不算很近，但海明威又不得不做此行。失眠之夜變得十分可怕，不正常的高血壓會引起胸部病變，而這種病變又會導致精神抑鬱。

此外，醫生還診斷出海明威患有早期糖尿病。他本人也擔心他的皮膚癌會擴散。

6 月底，海明威和妻子從梅奧診所回到家裡。不祥的預測以及長時間的一連串檢查和治療，使海明威又疲倦又氣餒。

瑪麗早就知道海明威很疲憊，也預料到坐轎車長途旅行的勞累，以及在從明尼蘇達返回愛達荷州一路上的酷熱，所以她把歸程化整為零，5 天走完。

一回到凱奇姆的家裡便覺得一切都好，於是卸下行裝，開始休息。

吃晚飯時大家心平氣和，融洽如常。

海明威也顯得十分平靜。

那天晚上，解衣就寢的時候，瑪麗忽然想起了一首古老的義大利歌曲《人人誇我是金髮女郎》。

瑪麗穿過廳堂，來到丈夫的臥室，欣喜地說道：「親愛的，我要送你一樣禮物。」

說著，瑪麗就唱起了這首歌。當時海明威正在刷牙，他聽了幾句，漱了漱口，還同她唱了最後一句。

瑪麗怎麼也想不到，這就是他們共度的最後一個夜晚。

瑪麗吻別了丈夫。由於旅途長時間的勞累，再加上她對她所疼愛的丈夫一路上的殷勤照應，那天晚上就像一隻筋疲力盡的貓兒一樣睡得很熟。

海明威卻輾轉反側，久久不能入眠。往事如電影一般閃過腦海，稍一迷糊，可怕的夢魘又來折磨他。

海明威想到了他的病，想到了可怕的結局。他可不願意躺在病床上任憑癌細胞吞噬，最後成為一具骨瘦如柴的屍體。

他想起了父親，想起了那把槍。

清晨 7 時，海明威穿著睡衣走下樓來。他打定主意不去喚醒瑪麗。他拿出他最喜愛的那支獵槍 —— 他所珍視的一件鄭重贈予的禮品，把槍口插在嘴裡，同時扳動了兩個槍機。

槍聲震撼了整個屋子。瑪麗本能地跳下床飛奔下樓。但是她很快就停住了腳步，愣在那裡，她驚呆了。

海明威躺在血泊之中。海明威的死成了一樁說不清楚的謎案。他生前精通武器，明明是用那支雙筒獵槍開槍殺死了自己，但是發現屍體的第一證人瑪麗卻堅持聲稱海明威是在玩弄槍械的時候意外走火。

仔細想想，他們夫妻感情深厚，如果海明威是蓄意自殺，為什麼沒有留下一封遺書呢？他死後那麼大的財產又該怎麼處理呢？

巨星隕落，世界各大報紙都在頭版用最大最醒目的標題報導了這一噩耗。文學大師海明威的逝世震驚了全世界。

美國人民在 1961 年 7 月 2 日這一天為失去這位文壇上的勇士而感到震驚，報紙上以巨大的標題寫出：

海明威自殺，喪鐘為海明威長鳴。

海明威的朋友們和同行的作家對突然失去海明威和被他響徹全世界的槍聲所震驚；所有人都體會到海明威的死貶抑了自己的生命，體會到某些重要的東西在世界上絕跡了，就如同一棵高大雄偉的橡樹突然被連根拔掉而傾倒了下來。

弔唁如雪花般飄來，堆滿了海明威生前的那張書桌。所有人懷著無限悲痛、惋惜的心情紛紛向這位文壇巨人表示敬意。

全球數十位專欄作家，包括厄爾·威爾遜、約瑟夫·阿爾索普、約翰·克羅斯貝和倫納德·萊昂斯等，都對這位已故知名作家表達了敬意。

美國總統約翰·甘迺迪的悼詞上說：

「幾乎沒有哪個美國人比厄尼斯特·海明威對美國人民的感情和態度產生過更大的影響。」

年逾八旬的老作家厄普頓·辛克萊說：

「我曾力圖改變這個世界，他則是如實地描寫自己看到的世界。」

海明威生前的好友們也紛紛來電悼唁：

「他是個夠格的完人。始終如一。他那些卓越的成就將永垂不朽。

他的風格深深地影響了我們所講的故事。他是我永遠懷念的一個朋友。整個國家都在哀悼他。」

至於美國公眾的心情，大詩人弗羅斯特在海明威自殺的次日作了恰如其分的描述：

「他堅韌，不吝惜人生；他堅韌，不吝惜自己。值得我們慶幸的是，他給了自己足夠的時間顯示了他的偉大。他的風格主宰了我們講述長長短短的故事的方法。我依然記得我想對碰上的每一個人大聲朗誦《殺人者》的那股痴迷勁。他是我將永遠懷念的朋友。舉國上下沉浸在哀痛之中。」

海明威被安葬在他生前喜愛的一個打獵場上。他的墓地坐落在兩棵松樹之間，四周有青山環繞。海明威的名字刻在長方形的灰色花崗石墓碑上，也刻在了喜歡他及他的作品的人們的心裡。

附錄

生活與鬥牛差不多，不是你戰勝牛，就是牛挑死你。

—— 海明威

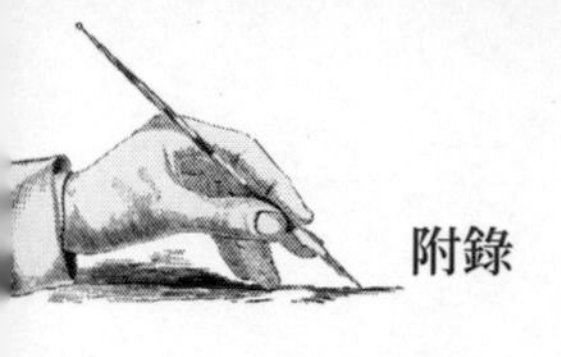

經典故事

永不認輸的拳擊手

海明威 14 歲時就長得明顯比他的朋友們都高大。他的肩膀寬闊，脖子短粗。

有一天，他看到《芝加哥論壇報》上的拳擊訓練班招生廣告，便請求父親允許他去報名。

雖然母親反對，但在父親的支持下，海明威還是去報了名。可是，在第一堂拳擊課時，他就被對手、一個中量級拳擊手中的佼佼者打得眼腫鼻破，血流滿面倒在地上。但是，厄尼斯特卻毫不氣餒。

第二天，他在臉上縛上紗布，依舊來到拳擊場上再與對手比個高低。因為他認為，一個人難免跌倒在地上，這沒什麼可怕，跌倒了再爬起來。

海明威曾說：「拳擊教會我絕不能躺下不動，要隨時準備再次衝鋒，要像公牛那樣又快又狠地衝。因為『拳擊是為了取勝』。」

一切為了勝利，不是勝利就是毀滅，強者必勝。這是少年時代的海明威對人生的認識。

一天使用 7 支鉛筆寫作

海明威每天早晨 6 時 30 分，便聚精會神地站著寫作，一直寫到中午 12 時 30 分，通常一次寫作不超過 6 小時，偶爾延長兩小時。

他喜歡用鉛筆寫作，便於修改。有人說他寫作時一天用了 20 支鉛筆。海明威說沒這麼多，寫得最順手時一天只用了 7 支鉛筆。

海明威在埋頭創作的同時，每年都要讀點莎士比亞的劇作，以及其他著名作家的巨著。

此外，海明威還精心研究奧地利作曲家莫扎特、西班牙油畫家戈雅、法國現代派畫家謝贊勒的作品。

海明威說，他向畫家學到的東西跟向文學家學到的東西一樣多。他特別注意學習音樂作品基調的和諧和旋律的配合。

難怪海明威的小說情景交融，濃淡適宜，語言簡潔清新、獨創一格。

改到出版前最後一分鐘

海明威寫作態度極其嚴肅，十分重視作品的修改。他每天開始寫作時，先把前一天寫的讀一遍，讀到哪裡就改到哪裡。

全書寫完後又從頭至尾改一遍，草稿請人家打字謄清後又改一遍，最後清樣出來再改一遍。

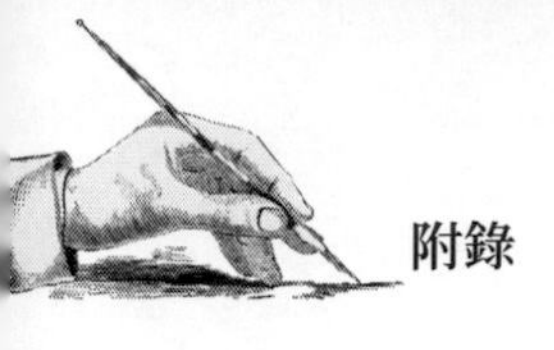

海明威認為這樣 3 次大修改是寫好一本書的必要條件。

海明威的長篇小說《戰地春夢》初稿寫了 6 個月，修改又花了 5 個月，清樣出來後還在改，最後一頁一共改了 39 次才滿意。

《戰地鐘聲》的創作花了 17 個月，脫稿後天天都在修改。

海明威帶著他的樣稿前往紐約，由於車上的空氣調節器出了問題，海明威頂著高溫繼續校訂。

清樣出來後，海明威連續修改了 96 個小時，沒有離開房間。

海明威主張「去掉廢話」，把一切華而不實的詞句刪去。最終，他取得了成功。

年譜

1899 年，厄尼斯特·海明威出生在美國伊利諾伊州芝加哥郊區橡樹園。

1909 年，父親愛德送給海明威一支一人高的獵槍。

1913 年，進入橡樹園高級中學學習。

1917 年，海明威在堪薩斯城做報館記者。

1918 年，海明威參加紅十字救護隊。他在義大利受重傷，住醫院治療數月，傷癒後，以中尉軍銜隨同義大利陸軍作戰。因作戰英勇而榮獲美國和義大利授予的勳章。

1919 年，海明威返回美國，決定當作家。

1920 年，擔任《多倫多明星日報》記者。

1921 年，為《芝加哥論壇報》特寫編輯。與哈德莉結婚。

1922 年，任《多倫多明星日報》駐歐記者，開始與葛楚·史坦等名流交往。

1923 年，第一部著作《三個短篇小說和十首詩》在巴黎出版。同年，長子出世。

1924 年，《在我們的時代裡》出版。與哈德莉離婚。

1926 年，《春天的激流》和《太陽依舊升起》先後出版。

1927 年，與波林·法伊芙結婚。

1928 年，次子出世。父親愛德·海明威自殺。

1929 年，《戰地春夢》出版，成為最偉大的戰爭小說之一。第三個孩子出世。

1930 年，至 1932 年，定居西嶼，創作《午後之死》。

1933 年，《戰地春夢》拍成電影。赴非洲狩獵。

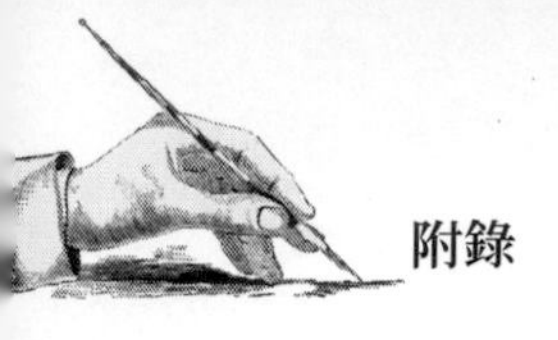

1934 年至 1935 年，追憶非洲之旅的《非洲的青山》一書出版。

1936 年，《有錢的和沒錢的》出版。以戰地記者的身分投入西班牙內戰。

1940 年，《戰地鐘聲》出版。在古巴購買瞭望山莊。與波林離婚。

1941 年，與瑪莎結婚。

1942 年，參加美國海軍。

1944 年，駕駛「拜勒號」在加勒比海搜尋德國潛艇。作為戰地記者前往英國和法國。與瑪莎離婚。

1945 年，在第二次世界大戰中，海明威與地下抵抗運動一起英勇殺敵，協助解放巴黎。

1946 年，與瑪麗結婚。重返古巴定居。

1950 年，《過河入林》出版。《有錢的和沒錢的》拍成電影。

1952 年，《老人與海》刊登在《生活》雜誌上，並出版單行本。

1953 年至 1954 年兩年間，海明威遭遇兩次飛機失事。榮獲普立茲獎和諾貝爾文學獎。《老人與海》成為他作品中的瑰寶。

1957 年，《太陽依舊升起》拍成電影，《戰地春夢》第二次被拍成電影。

1958 年，《老人與海》拍成電影。

1959 年，疾病纏身，定居在美國愛達荷州的凱奇姆。

1961 年，用雙筒獵槍自殺。

名言

只向老人低頭。

恕我不能站起來。

勝利者一無所獲。

沒有失敗，只有戰死。

所有的罪惡都始於清白。

上帝創造人，不是為了失敗。

20 世紀的喪鐘為人類而鳴！

我多希望在我只愛她一個人時就死去。

對一個作家最好的訓練是—不快樂的童年。

只要不計較得失，人生便沒有什麼不能克服的！

生活與鬥牛差不多，不是你戰勝牛，就是牛挑死你。

自己就是主宰一切的上帝，倘若想征服全世界，就得先征服自己。

一個人並不是生來要被打敗的。你盡可以消滅他，可就是打不敗他。

每個人都不是一座孤島，一個人必須是這世界上最堅固的島嶼，然後才能成為大陸的一部分。

每一個人都需要有人和他開誠布公地談心。一個人儘管可以十分英勇，但他也可能十分孤獨。

偏執是件古怪的東西。偏執的人必然絕對相信自己是正確的，而克制自己，保持正確思想，正是最能助長這種自以為正確和正直的看法。

電子書購買

國家圖書館出版品預行編目資料

迷惘之世海明威：勇航的作家與亂世之海，戰爭的傷痕催生傳世名作，踏著生命的苦痛，登上諾貝爾文學巔峰 / 鄧韻如，張鑫蕊編著 . -- 第一版 . -- 臺北市：崧燁文化事業有限公司，2022.10

面； 公分

POD 版

ISBN 978-626-332-742-9(平裝)

1.CST: 海明威 (Hemingway, Ernest, 1899-1961) 2.CST: 傳記 3.CST: 通俗作品

785.28 111014307

迷惘之世海明威：勇航的作家與亂世之海，戰爭的傷痕催生傳世名作，踏著生命的苦痛，登上諾貝爾文學巔峰

臉書

編　　著：鄧韻如，張鑫蕊

發 行 人：黃振庭

出 版 者：崧燁文化事業有限公司

發 行 者：崧燁文化事業有限公司

E-mail：sonbookservice@gmail.com

粉 絲 頁：https://www.facebook.com/sonbookss/

網　　址：https://sonbook.net/

地　　址：台北市中正區重慶南路一段六十一號八樓 815 室

Rm. 815, 8F., No.61, Sec. 1, Chongqing S. Rd., Zhongzheng Dist., Taipei City 100, Taiwan

電　　話：(02) 2370-3310　　**傳　　真**：(02) 2388-1990

印　　刷：京峯彩色印刷有限公司（京峰數位）

律師顧問：廣華律師事務所 張珮琦律師

定　　價：350 元

發行日期：2022 年 10 月第一版

◎本書以 POD 印製